focus verlag

Wolfgang Seiler

Grenzüberschreitungen
Zur Sprache des Wahnsinns

Umschlagentwurf: Chris Becker, Frankfurt

CIP-Kurztitelaufnahme der Deutschen Bibliothek

Seiler, Wolfgang
Grenzüberschreitungen: zur Sprache d. Wahnsinns/
Wolfgang Seiler. - Giessen: Focus-Verlag 1980
ISBN 3-88349-300-7

Satz, Druck und Weiterverarbeitung: Offset Köhler KG, Giessen

Inhalt

Einleitung

> *"Im tiefen Wahnsinnssee herrscht Endgültigkeit. Dort liegen die Wurzeln unseres Denkens, aber dort ist es noch nicht aufgespalten. Dort hat das Bewußtsein Zugang, weil es dort seine Wünsche hat. Der Wille ist die Energie, die sich erst im Aufsteigen an die oberen Schichten in Freiwilligkeit und Unfreiwilligkeit aufspaltet. Dort beginnt das menschliche Spiel mit den Gedanken erst. Die Gedanken darüber sind selbst ein untrennbares Produkt der Spaltung."*[1]

Das Dilemma, in dem ich stecke,wenn ich versuche, mich literarischen Produkten von Schizophrenen anzunähern, ist für mich ein doppeltes.
1. Ich kann und will den "Gegenstand" Wahnsinn nicht total objektivieren, da er ein Teil meiner eigenen Erfahrung ist. Die Vernunft wird erst durch das konstituiert, was sie ausschließt, nämlich die Emotionen, den Traum ,die Exzesse, den Wahnsinn. Die Wissenschaft, die dem Prinzip Rationalität huldigt, stellt sich als Vertreter des Logos, für den Denken und Bewußtsein identisch werden, *über* die Sache, das Objekt. Sie ist nicht bereit, ihren sezierenden Blick auf sich selbst und ihre Methoden zu richten, die Blickrichtung umzupolen.
Infolgedessen existierte bis vor kurzem nur der "Monolog der Vernunft über den Wahnsinn"[2], die Sprache der Psychiatrie. Foucault hat versucht, eine Geschichte des Wahnsinns zu schreiben, die den historischen Nullpunkt des abgebrochenen Dialogs zwischen Vernunft und Wahnsinn bestimmt. Er geht jedoch nicht direkt auf die psychopathologische Rede ein, sondern rekonstruiert eine "Archäologie des Schweigens"[3], das durch das Abbrechen der öffentlichen Kommunikation zwischen "Verrückten" und "Normalen" entstanden ist.
2. Seit ein paar Jahren wird nun dieses Schweigen gebrochen: Entweder wird von den "Geheilten" ihr Weg durch die psychiatrischen Anstalten beschrieben oder Psychiater lassen ihre Patienten selber zu Wort kommen, allerdings nur im Rahmen des "therapeutischen Gesprächs". Mich haben hauptsächlich zwei Aspekte dieser Produkte interessiert: Zum einen die Gedichte und Aussagen, die von "chronisch" Schizophrenen *innerhalb der Anstalt* geschaffen worden sind, da hier keine räumliche oder zeitliche Distanz zwischen dem Schreibenden und dem Geschriebenen besteht, es also nicht zu nachträglichen Rationalisierungen durch das wieder gestärkte Ich-Bewußtsein kommt. Zum anderen

habe ich die Berichte einer ''Heilung'' nur dann herangezogen, wenn sie auf der Authentizität ihrer Erfahrungen -der Halluzinationen und Visionen während des akuten Wahrnehmungsbruchs im ''psychotischen Anfall'' - bestanden haben.

Daraus, daß ich jeweils die Terminologie der Psychiatrie benutze, aber gleichzeitig durch Anführungsstriche kennzeichne, drückt sich der Zwiespalt aus, in dem ich stehe, solange die schizophrene Erfahrung noch nicht als authentische verstanden worden ist: Mein Reden *über* die schizophrene Sprache muß sich, um sich verständlich zu machen (zumindest zu Beginn dieser Arbeit) der ausschließenden, abgrenzenden Begriffe der Ratio bedienen, die ich für unfähig halte, die Kommunikation mit dem Wahnsinn einzuleiten!

''So hat der Siegeszug der Vernunft, der im Primat der Ratio gipfelt, als Ergebnis hervorgebracht, was angeblich zu verhindern die Ratio imstande sein soll: die Konstituierung, Festigung und schließlich Verselbständigung der Irrationalität. Die irre Ratio muß stets von neuem fürchten, von dem ergriffen zu werden, was sie aus der Realität ins Reich des Irrealen verbannt hat.''[4]

Ich will versuchen, mich im Verlauf dieser Arbeit ein wenig von diesen Begriffen der Psychiatrie zu lösen, indem ich das, *was* die Schizos als ihre Erfahrung beschreiben für authentisch nehme, und die Art und Weise, *wie* sie reden (übrigens nicht nur reden, sondern auch schreien, lallen, schweigen, toben, doch dazu später) in Bezug zu meiner eigenen Denk- und Sprachstruktur bringe. Die Begriffe sind nicht fest, ebensowenig wie die Subjekte es sind; vielleicht treffen sie sich irgendwann ''im tiefen Wahnsinnssee'', vorläufig sind jedoch nur Annäherungen möglich.

Ich möchte meine Herangehensweise am liebsten als ''Dialektische Meditation''[5] bezeichnen; das meint hier: Ich lasse mich auf die Realität des Schizos als ''andere Wirklichkeit'' ein, suche in ihr eigene verschüttete Erlebnisformen auf, will mich aber nicht vollends in dieser anderen Erfahrungsstruktur verlieren, das Denken nicht vollkommen ausschalten, sondern ebenso als Teil meiner Erfahrung akzeptieren. Es entsteht also ein Anziehungs- und Abstoßungsprozeß zwischen meiner Erfahrung und meinem Denken: wo der Schizo taumelt, versuche ich stehenzubleiben und mich umzusehen. Ich ziehe Parallelen zwischen der Grenzerfahrung des Schizos und anderen Bereichen, in denen das scheinbar feste Ich-Bewußtsein, das Subjekt, sich aufgelöst hat: ich suche mir Zeugen aus der Literatur, der Mystik, den Drogenerlebnissen, aus der

Welt der Schamanen in den archaischen Kulturen, und aus dem Zen-Buddhismus. Diese scheinbar einander so fremden Bereiche treffen sich an einem Punkt wieder: sie sind alle *Erfahrungen mit dem Sterben;* unter Sterben verstehe ich hier zunächst die schrittweise oder plötzliche Auflösung des Ichs, der Identität, den Bruch mit der ''persona'', der Theatermaske aus der antiken Tragödie. In diesem Auflösungsprozeß ist die Möglichkeit einer transzendenten Erfahrung ebenso enthalten wie das Zusammenbrechen im Chaos.

Es darf hier nicht der falsche Eindruck entstehen, als würde ich die schizophrene Erlebnisweise glorifizieren und über das konkrete Leiden in der totalen Institution ''Psychiatrische Anstalt'' hinwegsehen. Entsteht nicht dieses Leiden gerade durch den Kommunikationsausschluß, die Isolation, das Abstempeln der ''anderen'' Erfahrung als wahnhaft, krank oder ver-rückt? Der Schizo darf seine Wut, sein Schreien über die erstarrten Verhältnisse und Beziehungen im Kapitalismus, die *reale* Spaltung zwischen öffentlicher und privater Späre, zwischen den Formeln der Konvention und den Gesten der Hilflosigkeit nicht ausleben. Läßt er diese Wut heraus, ''fällt er auf'', weil er nicht mehr ''paßt'', so muß er ''isoliert'' werden; er muß ''zurückgeholt'' werden, notfalls mit Gewalt: Zwangsjacke, Elektroschocks, oder auf die ''weiche'' Art: mit ''mother's little helpers'', Tranquilizern und Betäubungsmitteln jeder Art. Die Schizos haben oft eine sehr genaue Kenntnis dessen, was mit ihnen geschieht: ''Niederbinden - Niederspritzen ist die Parole in der Irrenanstalt.''[6] Aber sie sind dem Psychiater als ''ideellem Gesamtmoralisten'' ausgeliefert.

Um nicht im weiteren mißverstanden zu werden, muß ich kurz erklären, in welchem Sinne ich den Begriff *''Krankheit''* (sowohl körperlicher wie geistiger Art) benutzen werde. Ich lasse Georg Groddeck, den ''Entdecker'' des Es und Begründer der psychosomatischen Medizin in Deutschland, für mich sprechen: ''Ich bin der Ansicht, daß der Mensch vom Unbekannten gelebt wird. In ihm ist ein Es, irgendein Wunderbares, das alles, was er tut und was mit ihm geschieht, regelt.''[7] Groddeck weigert sich, dieses ''Es'' genauer zu definieren, aber er behauptet, daß das ''Es'' die Krankheit will, nur ist diese Absicht tief ins Unbewußte verdrängt. Das Erstaunliche ist, daß er in der Lage ist, mit Hilfe von sprachlichen Assoziationsketten diesen Punkt freizulegen und oft eine Heilung selbst bei schwersten Erkrankungen in Gang zu setzen. Vor diesem (verkürzten) Hintergrund erscheint nun sein Krankheitsbegriff nicht mehr so phantastisch: ''Krankheit ist eine Lebensäußerung des menschlichen Organismus.'' Groddeck ''sieht in ihr nicht mehr einen Feind.'' ''Mit dem Augenblick, wo ich einsehe, daß die Krankheit eine *Schöpfung des Kranken* ist, wird sie für mich dasselbe wie seine Art zu gehen, seine Sprechweise, das Mienenspiel seines Gesichts, die Bewegung seiner Hände, die Zeichnung, die er entworfen, ..., oder der Gang, den seine Gedanken gehen: Ein beachtenswertes Symbol der Gewalten, die ihn beherrschen und die ich zu beeinflussen suche, wenn ich es für recht halte. Die Krankheit ist dann nichts Abnormes mehr, sondern etwas, was durch das Wesen dieses Menschen, der krank ist und von mir behandelt werden will, bedingt ist''.[8]

Eine ähnliche Krankheitsvorstellung existiert bei den archaischen Völkern. Die Todesbedrohung im epileptischen Anfall, im Ausbruch von Wahnsinn steht am Beginn der Initiation des Schamanen. ''Doch der primitive Zauberer, der Medizinmann und der Schamane ist nicht einfach ein Kranker; er ist vor allem *ein Kranker, der sich selbst geheilt hat.* Oft, wenn die Berufung des Schamanen oder des Medizinmannes sich durch eine Krankheit, einen epileptoiden Anfall offenbart, kommt die Initiation des Kandidaten einer Heilung gleich.''[9] Hier lernt der Schamane die Kräfte zu beherrschen, die ihn zu zerreißen drohen, indem er sie in einem Initiationsritus aus sich herausläßt.

Der Antipsychiatrie ist es zu verdanken, ein ähnliches Modell im Umgang mit Schizophrenen zu fordern und teilweise zu erproben. ''Anstelle des *Degradierungs*zeremoniells aus psychiatrischer Untersuchung, Diagnose und Prognose brauchen wir die dazu Bereiten (in psychiatrischer Terminologie oft jene, die auf dem Weg in einen schizophrenen Zusammenbruch sind) ein *Initiations*zeremoniell; durch dieses sollen sie bei voller sozialer Zustimmung und Unterstützung in den inneren Raum und die innere Zeit geleitet werden von Leuten, die bereits dort gewesen und zurückgekehrt sind. In der Psychiatrie würde das heißen: Ex-Patienten helfen zukünftigen Patienten, verrückt zu werden.''[10] Bezogen auf die literarischen Produkte der Schizos bedeutet diese Forderung: der ''verrückte'' Schreibende hilft dem verunsicherten Leser, seine Wahrnehmung umzupolen!
Es schließt sich bei Laing die Vorstellung einer idealtypischen *Reise* an: vom Absterben des Ego über die verschiedenen Stufen der Regression bis zu einer Art Tod und gleichzeitig möglicher Wiedergeburt. Diese

Idealvorstellung wird natürlich nie in dieser reinen Form auftreten, aber ich werde die verschiedenen Stufen des ''Absterbens'': Katatonie, Hysterie, Paranoia, und der kaleidoskopartigen ''Lichtblicke'' des Schizos: die Visionen und Ekstasen als Gerüst für den Aufbau meiner Arbeit benutzen. Mary Barnes, eine Patientin aus Laings therapeutischer Wohngemeinschaft Kingsley Hall in London beschreibt ihre ''Reise durch den Wahnsinn'' als den ''Weg nach unten'' und das allmähliche ''Wieder-hoch-kommen''.[11] Begeben wir uns also in diesem Sinne (das Wort ''Sinn'' stammt übrigens von ahd. ''sinan'' = reisen) auf unsere Reise durch die Welt des Schizos.

Zur Struktur der schizophrenen Erfahrung: der ''Anti-Ödipus''

Die Schwierigkeit, den ''Anti-Ödipus'' für mich produktiv zu wenden, besteht darin, daß Deleuze und Guattari neue Wörter, neue Begriffe schaffen, um die Struktur des schizophrenen Erlebens zu erfassen. Da ich das Modell des ''Anti-Ödipus'' später in Beziehung setzen will zu scheinbar gänzlich verschiedenen Erklärungsversuchen, wage ich einen gerafften Überblick.
Ich habe versucht, mir die Beziehung zwischen ''Organlosem Körper'', ''Wunschmaschinen'' und ''Residualsubjekt'' struktural vorzustellen. Die Autoren bezeichnen ihr Buch selber als ''Werkzeugkiste'', als ''funktionelles, pragmatisches Buch'': ''nehmt was ihr wollt... Findet die Stellen in einem Buch, mit denen ihr etwas anfangen könnt. Wir lesen und schreiben nicht mehr in der herkömmlichen Weise. Es gibt keinen Tod des Buches, sondern eine neue Art zu lesen. In einem Buch gibt's nichts zu verstehen, aber viel, dessen man sich bedienen kann.''[12]
Ich unternehme hier also keineswegs den Versuch, alle Begriffe des ''Anti-Ödipus'' zu erklären und auf ihre Bedeutung zu untersuchen, sondern versuche mich von den Wörtern zu lösen, um die ihnen zugrundeliegende Struktur zu verdeutlichen. Das ist selbstverständlich *kein* erschöpfendes Verständnis des Buches, aber es ist das, was ich in diesem Zusammenhang gebrauchen kann.
Grundlegend für ihr Verständnis des Schizos ist ihr Abrücken von den Kategorien ''richtig'' oder ''falsch'', ''gut'' oder ''böse''. Sie fragen nicht nach dem Sinn der Produktion, denn diese ist sich selbst genug, zweckfrei. Hauptsache: ''Es funktioniert.'' ''Wir sprechen nur noch von Vielheiten, Linien, Schichten,Segmentierungen, Fluchtlinien und Intensitäten, maschinellen Verkettungen und ihren verschiedenen Typen...''[13] Es bleibt zunächst nur die Frage, *wie* etwas funktioniert, *nicht warum.*

Fritz Zorn ist in seinem autobiographischen Essay ''Mars'', in dem er versucht, den Ausbruch eines tödlichen Karzinoms direkt auf seine Erziehung zurückzuführen, zu demselben Schluß in Bezug auf seine Krankheit gekommen. ''Was nicht funktioniert, ist ein Unglück; was funktioniert ist Glück. Oder umgekehrt: Glück ist, was funktioniert.''[14]
Leider kam für ihn diese Einsicht zu spät: Die Psychotherapie kann den Krebs, den somatischen Teil seiner ''Neurose'', nicht mehr aufhalten.

Sein Körper "funktioniert" nicht mehr; er stirbt, als sein Buch erscheint!

Deleuze/Guattari unterscheiden drei Synthesen des Unbewußten, nach denen Denken und Erfahrung strukturiert sein können. Uns interessieren in diesem Zusammenhang hauptsächlich die beiden "schizoiden" Erlebnisweisen; daher sei die erste "normale" Synthese nur kurz erwähnt.

1. Die "normale" Wahrnehmung wird "konnektive Synthese" genannt, und zwar deshalb, weil die Erwartungshaltung einer linearen Struktur folgt; eine "Wunschmaschine" wird an die nächste gekoppelt gemäß "der binären Regel", d.h. ein Element wird an das nächste wie Perlen auf einer Kette gereiht. "Die produktive Synthese, Produktion der Produktion, besitzt konnektive Form: "und","und dann"... Die Regel, immerfort das Produzieren zu produzieren, dem Produkt Produzieren aufzusetzen, definiert den Charakter der Wunschmaschinen oder der primären Produktion."[15]

2. Die "disjunktive Synthese", die Wahrnehmung des Schizos, der z.B. in der Anstalt zu finden ist, interessiert hier besonders. An die Stelle des "und dann" tritt das schizophrene "sei es ... sei es..." [16] Jeder Teil wird mit jedem verbunden; alles läuft stets auf dasselbe hinaus. Diese "energetische Umwandlung" eines Teils der Energie der konnektiven Synthese wird auch "Produktion der Aufzeichnung" genannt.

Doch worauf wird nun aufgezeichnet? Auf den *"Organlosen Körper"*. Frage mich niemand, was der organlose Körper ist; ich könnte höchstens mit Deleuze/Guattari beschreiben was er *nicht* ist: "Der organlose Körper ist der unproduktive; und wird gleichwohl an seinem Ort und zu seiner Zeit innerhalb der konnektiven Synthese als Identität des Produzierens und des Produkts geschaffen."[17] Er ist "der bilderlose Körper". "Der organlose Körper ist nicht Gott, im Gegenteil. Göttlich aber ist die Energie, die ihn durchfährt, wenn er die gesamte Produktion auf sich zieht, ihr als verzauberte Wunderfläche dienend, sie in alle seine Disjunktionen einschreibt".[18] Bezogen auf den Kapitalismus stellt der organlose Körper also den Geldfetisch dar. "Doch kommen ein beliebiger voller Körper, Körper der Erde oder des Despoten, eine Aufzeichnungsfläche, eine objektiv-scheinhafte Bewegung, endlich eine fetischistische, verzauberte und verkehrte Welt allen Gesellschaftstypen als Konstanten gesellschaftlicher Reproduktion zu."[19]
In der "Wundermaschine", der Deleuze/Guattari das Numen als Ener-

gieform zuordnen, löst sich das normale Ich-Bewußtsein auf; alles wird möglich: Wunder gibt es jeden Tag. ''Man kann sagen, daß der Schizophrene entsprechend den ihm gestellten Fragen und im Zuge raschen Gleitens von einem Code zum anderen übergeht, *alle Codes durcheinander bringt...''*[20]

3. Die ''konjunktive Synthese'' oder ''Produktion der Konsumtion'' transzendiert den Zerfallsprozeß, das Leiden des kasernierten Schizos, aber nicht, indem wieder ein neues allmächtiges Subjekt entsteht, daß das Bewußtsein als einzigen Ort der Erkenntnis akzeptiert. Das *''Residualsubjekt'',* das ''neben den Wunschmaschinen als Rest erzeugt wird''[21], kann nach der ''Rückkehr des Verdrängten'' in der ''residualen Versöhnung'' ausrufen: ''Das war also das!''[22]

Wie kommt es zu diesem erstaunlichen Ausruf? Dieser halluzinierte Schizo hat es geschaft, die Ebene der Gefühle als dem Denken vorausgesetzte, übergeordnete Sphäre klar zu erleben, beide Bereiche ineinander überfließen zu lassen, ohne sich im Labyrinth seiner Halluzinationen total zu verlieren.[23] Es existieren auf dieser Ebene der Wahrnehmung nur ''Intensitäten, Werden, Übergänge''. Die konjunktive Synthese hat eine *''zölibatäre Maschine''* in Gang gesetzt; die Junggesellenmaschinen des Surrealisten Duchamps mußten wohl die Vorlage für diesen Prozeß liefern; die zölibatäre Maschine verstehe ich als eine Art sich selbst steuerndes kybernetisches Modell: ''... der Gegensatz zwischen abstoßenden und anziehenden Kräften erzeugt eine offene Serie stets positiver, intensiver Elemente, die niemals das abschließende Gleichgewicht eines Systems, sondern die unbegrenzte Zahl stationärer metastabiler Zustände ausdrücken, die ein Subjekt durchläuft.''[24] Nicht das Resultat entscheidet, sondern der Prozeß, der Weg.

Ich habe versucht, mir das Kreisen des Residualsubjekts in der zölibatären Maschine plastisch vorzustellen:

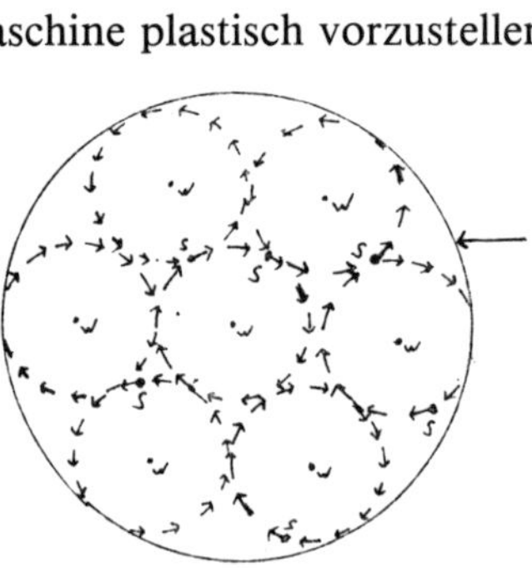

Organloser Körper
W = Wunschmaschinen
S = Residualsubjekt

Der organlose Körper ist in dieser Zeichnung als umschließende Hülle vorzustellen, etwa wie beim Ei oder bei der Zelle. Den Energieaustausch zwischen Wunschmaschinen und organlosem Körper kann ich nicht graphisch darstellen; man muß ihn sich nach allen Seiten und Dimensionen hin ausgedehnt vorstellen.
Veranschaulichen will ich folgendes:"... die Disjunktionspunkte auf dem organlosen Körper bilden um die Wunschmaschinen herum Konvergenzkreise; das Subjekt, neben der Maschine als Residuum erzeugt, deren Anhängsel oder Ansatzstück also, durchläuft nun alle Zustände des Kreises und wechselt über von einem Kreis zum anderen. Selbst nicht im Zentrum stehend, nicht von den Maschinen in Anspruch genommen, am Rande lagernd, ohne feste Identität, immerzu dezentriert, *wird es erschlossen aus den Zuständen, die es durchläuft."*[25] Es entsteht "eine *Serie von Zuständen mit Null als Anfangspunkt;* und das Subjekt, aus jedem Zustand der Serie geboren, aus jedem folgenden, der es für einen Moment determiniert, wiedergeboren, konsumiert alle diese es gebärenden und wiedergebärenden Zustände *(der gelebte Zustand ist gegenüber dem Subjekt, das ihn lebt, primär)."*[26]
"Die Nullintensität" wird später von Deleuze/Guattari als "Modell des Todes" bezeichnet[27]. Erscheint hier nicht in diesem Punkt Null, in dem Nichts, das zugleich Alles ist, der Tod *und* die Wiedergeburt zugleich? Doch das Modell muß zuerst mit den Erfahrungen der Schizos verglichen werden, bevor diese Spekulation ihren scheinbar metaphysischen Charakter ablegen kann.

Zunächst bleibt festzuhalten: Nach Deleuze/Guattari stellt ein Kreis das Leben eines festen "aufgeklärten" Subjekts dar, dessen Bewußtsein genau *weiß:* Mein Leben beginnt mit der Geburt und endet mit dem Tod; dessen Unbewußtes jedoch manchmal *spürt:* es gibt noch andere "Kreise", die vielleicht nur verschüttet sind. Das ist der Moment, wenn die Angst in ihrer klaren Form ins Bewußtsein dringt: die Todesangst erscheint als Ort der Urverdrängung.
Der Schizo dagegen scheint die Kreise zu wechseln; er *ist* Napoleon oder Gott, wenn er sich so *fühlt;* der Unterschied zwischen dem Schizo der disjunktiven Synthese und dem halluzinierten Schizo der konjunktiven Synthese besteht darin, daß der Eine sich jeweils voll mit seiner neuen Rolle identifiziert, der Andere dagegen das Wechseln der Rollen von dem neutralen Punkt des Beobachters erlebt. Das Residualsubjekt kann das genießen, was den Anstaltsschizo leiden läßt, weil "Es" sich nicht mehr verwirrt!

Das Leiden durch die Gesellschaft

Das gesellschaftliche Double Bind

''Die aortale Leichtlebigkeit.''
''Was ist das?''
''Der Mensch hat verschiedenes überwunden, kommt in eine maschinelle Felderung und wird von der Maschine angetrieben, anstattdessen er die Maschine beherrscht. Er kommt in einen ... in einen Rotationskessel gewissermaßen.''[28]

Ich versuche, mir zwei einander scheinbar widersprechende Phänomene zu erklären: In den westlichen Industrieländern scheinen sich seit der Entfaltung des Kapitalismus die Psychosen immer mehr zu häufen, *ob-*

wohl der gesellschaftliche Reichtum immer weiter wächst, keine direkte materielle Not mehr herrscht.
Die *Häufigkeit* des Auftretens ''schizophrener Krisen'' wird von den zersplitterten Lebensbedingungen, von dem gesellschaftlichen Rahmen diktiert: Familiäre oder gesellschaftliche Double-Bind Situationen, aus denen es keine rationalen Lösungsmöglichkeiten mehr für das ''Ich'' gibt. Die Psychiatrie hat selbstverständlich den Ursprung des Double Bind nur in der Mutter-Kind-Beziehung gesehen. Die Mutter drückt sprachlich etwas anderes aus als gleichzeitig mit ihren Gesten, ihrem Körper. Sie darf ihre Gefühle dem Kind nicht offen zeigen, sie kann ihre Charaktermaske nicht mehr ablegen. Das Kind aber spürt *beide* Ebenen: die logisch-sprachliche und die Körpersprache; es kann sie nicht auseinanderhalten, weil beide eine ursprüngliche Einheit bilden. ''So kann es zum Beispiel sein, daß die Mutter, wenn sie gegenüber dem Kind feindselige (oder zärtliche) Gefühle empfindet und sich zugleich gezwungen fühlt, sich von ihm zurückzuziehen, ihm sagt: ''Geh zu Bett, du bist ganz müde, und ich möchte, daß du deinen Schlaf kriegst.'' Mit dieser offenbar liebevollen Äußerung will sie einem Gefühl entgegentreten, das man etwa so in Worte fassen kann: ''Geh mir aus den Augen, ich hab dich satt.'' Würde das Kind ihre metakommunikativen Signale richtig unterscheiden, so stünde es vor der Tatsache, daß sie es erstens nicht will und es zweitens mit ihrem liebevollen Verhalten täuscht. Es würde dafür ''bestraft'' werden, daß es Arten von Botschaften in ihren Bedeutungen richtig zu unterscheiden weiß.''[29]

Weil der Schizo zu scharf wahr-nimmt, weil er die Gefühls- und die Sprachebene nicht trennt, *wird er bestraft,* muß er leiden; obwohl die Spaltung beider Bereiche nur auf gesellschaftlicher Konvention beruht — als Schutz des Bewußtseins, als Wahrnehmungsfilter — ist die Beziehungsfalle des Double Bind eine reale Leidenserfahrung. ''Einerseits fühlte ich mich schuldig, wenn ich gegen die Befehle des Systems kämpfe, andererseits fühlte ich mich auch schuldig, wenn ich sie befolgte,''[30] notiert Renée im ''Tagebuch einer Schizophrenen.''
Die Struktur des familiären Double Bind kann aber ebenso auf die Gesellschaft ausgedehnt werden. Denn *warum* ist die Mutter in unserem Beispiel nicht in der Lage, ihren Gefühlen den adäquaten sprachlichen Ausdruck zu verleihen?
Hier wirkt der Mechanismus ein, den Marcuse als ''repressive Entsublimierung'', den Deleuze/Guattari als ''Reterritorialisierung'' bezeichnen: Historisch gesehen setzt sich seit Beginn der Industrialisierung die

Trennung von Produktions- und Reproduktionsspäre, von öffentlichem und privatem Bereich endgültig durch. Die ursprüngliche Lebenseinheit, die Großfamilie, wird räumlich, zeitlich und ''sinnlich'' zerrissen, zersplittert. Aber der Schein einer festen Identität, die *Charaktermaske,* muß aufrechterhalten werden, obwohl das Subjekt beständig aufgefordert wird, seine Identität aufzugeben, flexibel, disponibel für den Arbeits''markt'' zu bleiben. Jedoch der Schein der Maskenidentität kann nur künstlich aufrechterhalten werden; die Neubesetzungen, die ''Neo-Territorialisierungen'' sind zumeist artifiziell, residual, archaisch; nur sind es Archaismen mit aktueller Funktion.''[30a] Das Kind und der Schizo reagieren auf diese falsche, hohle Maske mit der gleichen Naivität dessen, für den jedes Gefühl ein ''echter'', authentischer Ausdruck des ganzen Selbst ist; es kann nicht diese künstliche Trennung zwischen ''wahrem Selbst'' und ''falschem Selbstsystem'' (Laing) begreifen; für diese Naivität muß sich die Gesellschaft rächen: das Kind wird ''erzogen'', d.h. es muß lernen ''Ich'' zu sagen und sein freies Spielen in die zweckbestimmte Arbeit umzupolen; der Schizo wird bestraft, er wird eingesperrt.

Die Spaltung, die Fassadenhaftigkeit der Persona hat sich bis in die *Gesten,* die formelhaften Reste einer verkümmerten Körpersprache, durchgesetzt. ''Der Handschlag leitet Begegnungen ein und löst sie auf. Eine seltsame und zugleich triviale Geste von der man zu Recht sagt, daß sie sich *austauscht.*[31] Selbst der *Blick* hat seine Klarheit verloren. ''Die Augen zweifeln, als ob sie in den Pupillen des anderen das Spiegelbild von Leere und Seelenlosigkeit erraten. Kaum streifen sich die Augen, schon gleiten sie ab und schleichen sich davon, ihre Fluchtlinien kreuzen sich an irgendeinem Punkt, zeichnen dabei einen Winkel, dessen Öffnungen das Auseinandergehen beschreibt, die grundsätzlich empfundene Uneinheit ... Der gesunde Menschenverstand der Konsumgesellschaft hat den alten Ausdruck ''den Dingen ins Auge sehen'' zu seinem logischen Endergebnis geführt: mit den Augen nichts anderes sehen als Dinge.''[32]

Patient und Psychiater oder: das Leiden durch die Krankenhausmaschine

Die vom Menschen selbst geschaffene ''zweite Natur'' hat sich verselbständigt: die Maschine diktiert den Rhythmus, die Bewegungen werden stereotypisiert, die Sprache formalisiert: die verlorene Einheit zwischen Mensch und Natur rächt sich am Anstaltsschizophrenen mit unmittelbarer Gewalt. Das Leiden durch die Gesellschaft kulminiert für den Schizo in der Beziehung zum Psychiater:"Ich, ich selbst habe neun Jahre in einem Irrenhaus zugebracht und habe mich nie mit dem Gedanken an Suizid gequält, aber ich weiß, daß ich mich nach jeder Unterhaltung, die ich mit dem Psychiater während der Morgenvisite führte, danach sehnte, mich zu erhängen, denn mir war bewußt, daß ich ihm nicht die Kehle durchschneiden konnte."[33] Diese Reaktion Artauds erscheint als angemessen,nimmt man die Drohung ernst, die sein Psychiater täglich bei der Morgenvisite in der Anstalt von Rodez ausstößt: "Gut Mr. Artaud, es steht Ihnen frei, zu schniefen, herumzuwirbeln und zu atmen, aber die *Gesellschaft* kann es nicht zulassen, und ich, als Vertreter der Gesellschaft, ich setze sie dem Elektroschock aus."[34] Verständlich wird die Wut Artauds auf den Psychiater, der ihn durch Elektroschocks "fünfzigmal innerhalb von zwei Jahren ins Koma gestürzt" hat[35]. Aber der Psychiater ist nur Sachwalter der gesellschaftlichen Interessen; wie soll er in der Lage sein, eine Verständigungsbasis mit den Patienten zu finden, da er selbst dem beschriebenen gesellschaftlichen Double Bind voll unterworfen bleibt?

Zu diesem Thema äußern sich einige Gedichte des inzwischen durch seinen Psychiater Navratil zum "Künstler" avancierten Anstaltsschizo Alexander. Die lyrische Avantgarde von Ernst Jandl bis Friedericke Mayröcker ergötzt sich an Nachdichtungen à la Alexander[36], sieht in ihm einen sprachlichen Verwandten; jedoch sein künstlerischer Ruhm hat ihm bis jetzt noch keinen Pfennig eingebracht: Bei 2,50 DM Tagegeld bleibt er in der geschlossenen Anstalt Klosterneuburg interniert. Er kann nicht mit offener Revolte gegen die Institution Psychiatrie anrennen wie Artaud es tat; seine Waffe bleibt die feine Ironie.

"Alexander: "Manche Leute sprechen so hart. Eine leise Sprache ist mir lieber."
Navratil: "Und meine Sprache, wie behagt Ihnen die?"
Alexander: "Sie kommen gerade noch mit."[37]

Denn Navratil spricht
"Die unnötige Sprache!
Diese Sprache findet man in der
Ärzteschaft und jeweils bei den

Patienten in Vorsprache und in der
Vorlage und Stunde. Der Arzt
ordnet die Medikamente und diese
steht in Druckschrift jeweiles darauf.
Zur Freude der Gesundheit. Amen."[38]

Dazu fällt mir ein: "Vorsprache" wird für mich hier doppeldeutig: vielleicht erscheint neben der üblichen Bedeutung die Sprache, die *vor* dem Denken existierte, die archetypische, die Körpersprache, die Sprache der "primären Bedeutungen"[39]. Vielleicht kehrt sich für den Schizo in der "Vor-Sprache" beim Arzt diese Bedeutung um: Gerade in der "Vorsprache" darf die Vor-Sprache nicht benutzt werden; sondern nur das Nachsprechen der ärztlichen Litanei, die Anwendung der "unnötigen Sprache" sichert die Anpassung und bietet Schutz vor der medikamentösen Betäubung.

Zum Thema Anpassung ein weiteres Gedicht:

"Der Patient
Der Patient ist krank. Des-
halb muß er geheilt werden.
Der Patient würde auch gepflegt sein.
Er versteht sich gut mit den Ärzten.
Der Patient kann als geheilt entlassen werden."[40]

Alexander stellt fest: "Die Gespaltenheit ist Arbeit der Ärzte. Diese wird auf den Nenner gebracht."[41] Doch auf wessen Nenner? In manchen Gedichten rückt der Patient in den Mittelpunkt der Welt, der Psychiater hat "dem Patienten zu dienen."[42]

"Der Patient
die Katze ist ein Lamm des Friedens.
so denkt ein Dichter seiner Zeit.
die im inneren Zeichen eines Psychiaters
einer eigenen Welt gehorcht, — dem Patienten.
der Arzt zieht die Nummer dann
dem Patienten eine neue Seele an.
der im neuen Geiste einer Krankheit,
immer weiterziehen soll."[43]

Meine Lesart: Der Psychiater *spürt* im Inneren, daß die "eigene Welt" des Schizos für sich funktionieren könnte, die Krallen der Katze den Frieden garantieren. Trotzdem ist er gezwungen, den Schizo zu einer "Nummer" zu stempeln: denn die Katze muß gezähmt werden, so fordert es die Gesellschaft. Aber diese Zähmung kann nicht gelingen, da die "neue Seele", der "neue Geist" die alte Krankheit der Ratio ist. Solange die Illusion besteht, daß die Logik der Vernunft Gesundheit erzwingen kann, wird sich das Leiden der Kranken durch die Gesellschaft endlos fortsetzen, "immer weiterziehen".

"Waage
Die Waage kann ein jeder Mann
wie schwer er ist und selber stellen kann,
den Geist der Nummer dann, zieht der Prüfer die Verse an.
das Gewicht dazu, den Prüfstein jeder Logic ein
setzt der Oberpfleger seine Graphik ein."[44]

Dieses Gedicht folgt chronologisch direkt auf das eben zitierte; daher kann die "Nummer" dasselbe bedeuten wie dort: das zur Nummer in der Anstalt degradierte Individuum wird vom Psychiater (dem "Prüfer") auf das Gewicht seines Geistes geprüft; als Maßstab, als "Prüfstein", ob die "Verse" des Schizos gewichtig genug für ein "realitäts"gerechtes Verhalten in der Gesellschaft sind, gilt allein die "Logic". Das Unlogische, das Paradoxe bleibt das Kranke, das Gefährliche. Die "Waage" steht in der *Mitte* zwischen dem "Patienten" und dem "Psychiater" (dies bezieht sich wohl auf die Bedeutung der Wörter als auch auf die Anordnung der Gedichte!)[45]; die "Waage" kann jeder selber stellen, sie funktioniert ohne die Aufteilung in Gesunde und Kranke, der "Prüfstein Logic" wird erst von *außen* an ihr befestigt; der Mechaniker des Geistes, der Psychiater, und sein Handlanger, "der Oberpfleger", traten erst dann auf die Bühne, nachdem das Gleichgewicht der Waage, der Zustand des Ausgleichs zwischen den Kräften, schon durch die Fettleibigkeit der "Logic" zerstört worden ist. Es ist schon erstaunlich, was hinter einem so trivialen "Ding" wie der Waage an Verschüttetem, Verborgenem zu Tage treten kann, wenn der Schizo die Codes für das "Flache", Banale und das "Tiefe", Bedeutungsvolle vermischt!

Maria Erlenberger erträgt ihren Anschluß an die "Krankenhausmaschine" mehr mit innerer Leere und Ruhe, indem sie sich nicht aus ihrem

''Rütmus (gefällt mir besser als R - hyt - h - mus)''[47] bringen läßt. Nach einem Schwächeanfall aufgrund langen Fastens wird sie zunächst in ein normales Krankenhaus, danach sofort in ein ''Irrenhaus'' eingeliefert. Bei der Aufnahme in der Anstalt findet folgendes ''Gespräch'' zwischen ihr und dem Arzt statt: ''Ich sagte: ''Ich wollte mich verhungern lassen.'' (Der Arzt:) '' Aber das ist ja ganz etwas anderes.'' Er holte einen neuen Zettel. Die Ärzte schreiben alles auf, was man ihnen sagt, so als wollten sie einen damit festnageln. Seitdem ich an mir erfahren hatte, daß diese Leute gar nichts verstehen wollten, sondern nur geschädigte Formulare vollkritzeln müssen, ohne Zusammenspiel mit der Behandlung, bin ich stiller geworden und beantworte nur das Nötigste. Das ist den in die Krankenhausmaschine Eingespannten auch lieber. Der Arzt sah mir ins Auge und sagte: *''Wissen Sie, Sie sind schizophren.''* Ich bestätigte ihm das gern und war nicht im geringsten erstaunt über seine Diagnose. Ich war müde und etwas bange, aber die Szene belustigte mich auch ...''[48]
Auch hier finden wir die ''unnötige Sprache'', das Formal- und Karteikartendeutsch der Psychiatrie wieder, die in der ''Diagnose'' (?) ihren scheinbar festen Ort findet. Maria Erlenberger ist ein Sonderfall, da sie ihr Leiden, ihre Krankheit *bewußt* herbeigeführt hat[49]: sie hat einfach aufgehört zu essen! ''Ich will meine Krankheit, ich habe mich darin breitgemacht, ich klage mich hinein, sie ist mein Rahmen und meine Welt.''[50]. Trotzdem kann sie ihre Abgeklärtheit den Psychiatern gegenüber nicht immer aufrechterhalten und reagiert mit Paranoia auf die entwürdigende *Visite* der Ärzte. Sie vergleicht sie mit ''einem Schauspiel im alten Rom, wo eine Nackte vom Publikum angestarrt und von Löwen angefallen wird, um zerfleischt zu werden ... Die Gestalten standen vor mir mit gefletschten Zähnen. Sie taten, als hätte ich das Ärgste gemacht, was man hätte tun können. Sie wollten mich vernichten, weil ich sie verraten hatte, ich fühlte mich in irgendeiner Weise schuldig.''[51] Maria Erlenberger hat sich schuldig gemacht, weil sie die Welt der ''Normalen'' verraten hat, nicht mehr ihre Normen und Konventionen befolgt hat, sondern ihren eigenen ''Rütmus'', die Sprache ihres Körpers, aufspüren wollte. Dafür muß sich die Gesellschaft rächen.

Die Beispiele Artaud, Alexander und Erlenberger stehen für viele; eins wird an ihnen deutlich: Sie haben den klaren Blick für das, was mit ihnen geschieht, nicht verloren, sie stehen der ''Heilung'' ironisch, skeptisch, ablehnend gegenüber, denn solange Heilung mit Anpassung iden-

tisch bleibt, wird das ''Es'' bei der nächsten Gelegenheit einen neuen Krankheitsherd schüren. Ob im Körper oder im Geist, das bleibt sich gleich, denn beide sind eine Einheit: die Spaltung zwischen Leben und Denken, zwischen Alltag und Traum ist eine künstliche; dem Fetisch, den verzauberten Verhältnissen, verdanken wir ihre Hartnäckigkeit.
''Wenn ich krank bin, bedeutet das, daß ich verzaubert bin, und ich kann mich nicht für krank halten, wenn ich andererseits nicht glaube, daß es zu jemandes Vorteil ist, mich der Gesundheit zu berauben und von meiner Gesundheit zu profitieren.''[52] Die Krankenhausmaschine würde nicht mehr ''funktionieren'', wenn ihr die entsprechend ''eingepaßten'' Patienten fehlten.
''Wir sind freie Patienten. Der Patient steht unter den Anordnungen des Arztes, er muß tun, was dieser für richtig hält. Er ist ein freier Patient. Alles geschieht zu seiner Heilung. Er sieht vergitterte Fenster und steht vor verschlossenen Türen. Er muß die Medikamente essen, die ihn dämpfen und still machen ... Ein Unfreier unterdrückt Unfreie, um sie zu heilen. Heilung ist der Deckmantel, unter dem sich die Beteiligten verstecken. Dieser Name aber hält bis in Ewigkeit.''[53]

Die Perspektive der ''Auflösung'': die Wahr — Nehmung und die Angst vor dem Tod des festen Subjekts

Die Schwierigkeit, den Prozeß der Auflösung des Ichs beim Schizo zu beschreiben, liegt an der ''objektiven'' Verwirrung der Ebenen von Realität und Fiktion, von ''objektiven'' Erscheinungen und ''subjektiven'' Wahr-Nehmungen. Ich muß diese künstliche Trennung nochmals verdoppeln, wenn ich Erklärungen suche und niederschreibe. Ich setze also folgende Hypothese:
Die von der Psychiatrie säuberlich getrennten Welten des Paranoikers, des Hebephrenen und Katatonikers unterscheiden sich nur in ihren Erscheinungsformen, den verschiedenen Reaktionen auf die Umwelt. Was jedoch allen drei Welten als gemeinsames zugrundeliegt ist zum einen die überaus *geschärfte Wahr — Nehmung,* die Verschmelzung mit den ''Dingen'', und die dadurch ausgelöste *primäre Angst,* die Angst vor der Auflösung des Ichs, die Angst vor dem Tod. In den Momenten, in denen diese Angst ihre Übermacht verliert, kann es zur *Ekstasis,* zum Heraustreten aus den ''Dingen'', zur ''Erleuchtung'' kommen. Die gesteigerte Intensität der Gefühle wird dann nicht mehr als bedrohlich, ge-

fährlich empfunden, sondern als ''Seelenwollust'' (Schreber). Der Zustand des Ausgleichs zwischen den Zuständen, die Einheit der Gegensätze, das Zusammenfallen von ''Gut'' und ''Böse'', von Schmerz und Lust, bleibt solange eine Utopie, wie die Authentizität der ''inneren'' Erfahrung von der Todesangst besetzt bleibt. Musil schreibt über den ''irren'' Mörder Moosbrugger: ''Es war ihm niemals gelungen, die Mitte zwischen seinen zwei Zuständen zu finden, bei der er vielleicht hätte bleiben können. Er hatte genug davon. Er lächelte großartig dem Tod entgegen.''[54]

Dieser hypothetische Vorgriff war notwendig, um den ursächlichen Zusammenhang zwischen der Wahrnehmung, der Todesangst und der Ekstase im Sinn zu behalten, auch wenn ich diese Bereiche zunächst als getrennte Punkte behandeln werde.

Die Seite der Wahr - Nehmung: Vom gefilterten ''Bewußt''- Sein zum klaren Blick

''Ich sah die Gegenstände so ausgeschnitten, so voneinander losgelöst, so glatt, ähnlich wie Mineralien, so erleuchtet und angespannt, daß sie mir irrsinnige Angst machten; wenn ich zum Beispiel einen Stuhl oder ein Gefäß ansah, dann dachte ich nicht mehr an ihre Verwendung, ihre Funktion. Es war kein Gefäß mehr, das dazu dient, mit Wasser oder Milch gefüllt zu werden, oder ein Stuhl, der zum Sitzen da ist. Nein! Sie hatten ihren Namen, ihre Funktion, ihre Bedeutung verloren; sie waren ''Dinge'' geworden. *Und diese ''Dinge'' begannen nun zu existieren.* Eben diese Existenz jagte mir solche Angst ein... Ich versuchte, ihrem Zugriff dadurch zu entgehen, daß ich ihre Namen aussprach. Ich sagte: ''Stuhl'', ''Krug'', ''Tisch'' — ''Das ist ein Stuhl''; doch das Wort war wie abgezogen, jeder Bedeutung entleert, es hatte den Gegenstand verlassen, sich von ihm losgelöst, so daß es auf der einen Seite das ''lebendige spöttische Ding'' gab und auf der anderen seinen sinnentleerten Namen, wie ein seines Inhalts entleerter Umschlag. Es gelang mir nicht mehr sie wieder zusammenzubringen. Das Leben der ''Dinge'' bestand einzig in ihrer Gegenwart, ihrer Existenz.''[55]

Das bloße ''Dasein'' der Dinge erschreckt die schizophrene Renée zutiefst, denn sie ist es nicht gewöhnt, die ''Dinge an sich'', ohne ihnen eine Funktion, einen Zweck zuzuschreiben, wahrzunehmen, zu ''sehen'', wie Castaneda es nennt.[56] Versuchen wir, uns ein wenig dem zu nähern, was es mit dem ''Sehen'' ohne Projektionen auf sich hat, obwohl es natürlich unmöglich ist, es zu beschreiben, bevor man es nicht selber kennt. Doch lösen wir uns ein wenig von der gewohnten Sehweise der Vernunft, die jedem Ding seinen Namen, seine Bedeutung zu geben weiß und glaubt, sie hätte es damit erkannt.

Dieses Problem ist ein sehr altes; es existiert in der westlichen Philosophie seit Plato. Dessen Erkenntnismethode war die Spekulation und bedeutet wörtlich ''Das Schauen in den Spiegel''; Konzentration auf die Pupille im eigenen Auge und die Reflektion darin. Der fernöstliche Meditierende, der Zen-Buddhist, versucht ebenfalls, ''den Dingen ins Auge zu sehen'', *mit* dem Strom des Bewußtseins zu fließen und nicht das Denken als Herrscher *über* die sichtbare Welt zu setzen und damit die Wahrnehmung vorzustrukturieren.

Huxley hat in den ''Pforten der Wahrnehmung'' die durch die Vernunft bestimmte Wahrnehmung als eingeschränkte, gefilterte, reduzierte Sichtweise sehr plastisch beschrieben. Er zitiert zunächst den Cambridger Philosophen Broad:'' ...die Funktionen des Gehirns und Nervensystems und der Sinnesorgane (sind) hauptsächlich eliminativ und nicht

produktiv. Jeder Mensch ist in jedem Augenblick fähig, sich alles dessen zu erinnern, was ihm je geschehen ist, und alles wahrzunehmen, was irgendwo im Welltall geschieht. Es ist die Aufgabe des Gehirns und des Nervensystems, uns davor zu schützen, von dieser Menge größtenteils unnützen und belanglosen Wissens überwältigt und verwirrt zu werden, und sie erfüllen diese Aufgabe, indem sie das meiste dessen, wessen wir sonst in jedem Augenblick gewahr werden oder uns erinnern würden, ausschließen und nur die sehr kleine und besondere Auswahl übrig lassen, die wahrscheinlich praktisch nützlich ist." Gemäß einer solchen Theorie ist potentiell jeder von uns *"Geist als Ganzes"*... Damit ein biologisches Überleben möglich werde, muß der Geist als Ganzes durch das Reduktionsventil des Gehirns und Nervensystems hindurchfließen... Um die Inhalte des so verringerten Bewußtseins zu formulieren, hat der Mensch die Symbolsysteme und implizierten Philosophien, welche wir Sprachen nennen, erfunden und endlos ausgestaltet. Jeder Mensch ist zugleich der Nutznießer und das Opfer der sprachlichen Tradition, in die er hineingeboren wurde, — der Nutznießer insofern, als die Sprache Zugang zu den aufgespeicherten Berichten über die Erfahrungen anderer Menschen gewährt; das Opfer insofern, als sie ihn in dem Glauben, dieses reduzierte Bewußtsein sei das einzige Bewußtsein, bestärkt und seinen Wirklichkeitssinn verwirrt, so daß er nur allzu bereit ist, seine Begriffe für gegebene Tatsachen, seine Wörter für wirkliche Dinge zu halten."[57]

Beziehen wir die Beschreibung Huxleys auf die Wahrnehmung von Renée, so erkennen wir, daß der "entleerte Umschlag", die Worthülse, keine Bedeutung mehr tragen kann, wenn der Wahrnehmungsfilter plötzlich wegfällt; in dem Moment, wo das Bewußtsein seine Übermacht verliert, fällt der Schleier von den Augen: die "Dinge" beginnen zu existieren. Wenn allerdings das Ich des Schizos nicht auf diesen unbeschreiblichen Wahrnehmungsbruch vorbereitet ist, sondern davon überfallen wird, setzt es totale Angst frei: die Paranoia beginnt.

"das auge
das auge sieht fasst allüberall hin
wo gott uns hingestellt hat
sehr schwer zu sehen den es ist zu

....

ist rund in der höhle der augenhölle der vorhang
die augen sind nur zum sehen da und der sieght
verliert das haar und das ist weiss"[58]

Nehmen wir an, Alexander meint hier das ''geistige'' Auge, das die Dinge so ''sieht'' wie Renée, so wird deutlich, daß es bei der normalen Wahrnehmung ''sehr schwer zu sehen'' ist, denn es öffnet sich nur manchmal, wenn das Unbewußte an die Oberfläche des Bewußtseins dringt: im Traum, im Rausch, in der Psychose. Wenn der ''Vorhang'' sich hebt, wird das Auge zur ''Augenhölle'', d.h. es sieht verbotene Dinge, die im Reich der Phantasie, im Märchen, im Mythos zugelassen sind, aber nicht im All-Tag. Wer ''sieght'' (übrigens eine Verdichtung aus ''sieht'' und ''siegt'' !), verliert das weiße Haar, d.h. wer die Pforten der Wahrnehmung sprengt, be''sieght'', muß sterben. Sterben meint hier das Absterben des Bewußtseins als Regisseur der Wahrnehmung.

Der Schizo Alois Schnedel weiß ähnliches vom ''geistigen'' Auge zu berichten:

''Das Auge war vorerst beim Zyklop
und dann versetzt in den Menschen
der zwei Augen hat
und dämmlich ist nur.''[59]

Franz Rechnitz schreibt 1966 in der Anstalt, ''daß im eigentlichen die Sicht die Führende Eigenschaft über die Sprache ist. Es ist anzunehmen, *daß die Sprache eine Sichtfolge ist* und zwar deswegen, weil die ganze Lehrfolge mit Zeichenverständigung ihren Anfang haben mußte und dieselbe durch geschulte Uebersicht die Zeitexplosion feststellen ließ und schließlich und endlich durch Zeichenenträtselung das Tönen richtig ins Alphabet ordnete.''[60]

Hier wird nochmals beschrieben, wie die Sprache als Filter der Wahrnehmung arbeitet, und zwar in drei Entwicklungsstufen:

Im archaischen Denken, in der Zeichensprache liegt die erste Abstraktionsstufe: das Heraustreten des Menschen aus der Natur als bewußtes Ich. Die Zeichen werden jedoch noch mit Körpersprache gesetzt.

Die Entwicklung des sprachlichen Bewußtseins setzt Begriffe voraus, die lautlich für die Zeichen stehen. Die ''Zeitexplosion'' kann bedeuten, daß mit Hilfe der Sprache Vergangenes und Zukünftiges gegenwärtig gemacht werden kann.

Die Schrift bringt die dritte Abstraktion mit sich. Das geschriebene Wort steht für das ''Tönen'', das gesprochene Wort steht für das Zeichen des Körpers.

Das Ziel der ganzen Operation hat sich im Laufe der phylogenetischen Entwicklung ''aus dem Aug verloren'': das bewußte ''Sehen''. ''Damit meine ich die Tatsache, daß ich zu sehen glaube — aber *nur Worte sehe;* daß ich zu fühlen glaube, aber *die Gefühle nur denke.* Der Mensch, der alles gedanklich verarbeitet, ist der Entfremdete... Er glaubt etwas zu sehen; er glaubt etwas zu fühlen; und doch hat er kein Empfinden außer Erinnerung und Denken. Wenn er glaubt, *er* erfasse die Wirklichkeit, ist es nur sein Gehirn-Ich, das sie erfaßt, während er, der ganze Mensch, seine Augen, seine Hände, sein Herz, sein Bauch nichts erfassen — ja *er* nimmt an der Empfindung nicht teil, von der er glaubt, daß sie *seine* Empfindung sei.''[61]

Die Gehirnsinnlichkeit, die den dreifachen Filter der Sprache, der Logik und der Tabus[62] passieren durfte, ist in unserer Gesellschaft die einzig erlaubte Wahrnehmungsweise; alle anderen Empfindungen und Sichtweisen bleiben unbewußt, sind tabu. Wem dieser Filter *unvorbereitet* und plötzlich entzogen wird, ist der Angst ausgeliefert. Wenn das Verdrängte explosionsartig an die Oberfläche schießt, bleibt nur die Abwehr des Rest-Ichs.

Paranoia: die Dinge wollen *mich* vernichten.

Hysterie: *ich* gehe in die Offensive, bevor die Dinge mich aufsaugen können.

Katatonie: *ich* (mein Körper) stellt sich tot, *ich* (mein Geist) ist höchst erregt und sensibel, steht kurz vor der Ekstasis, dem Heraus treten aus den Dingen.

Verharren wir einen Augenblick und schauen uns an, welcher Art diese Angst wohl sein kann.

Den Tod schizophrenisieren: die Freilegung der Angst

''Angst.!
Angst vor was, gab es jemals ohne Unter-
stützung! Angst? Nein! GAb es jemals
Angst. voR WAs!? Sagen sie Herr Primar
gab. es jemals Angst und vor was?!? Nein
über Kärnten...
Österreich? — Ungarn ... Z.''[63]

Ich habe im Kapitel über den Anti-Ödipus erwähnt, daß Deleuze/Guattari die ''Nullintensität'' der konjunktiven Synthese, in der das Residualsubjekt jeden Moment wiedergeboren wird, als Todesmodell bezeichnen. Der Tod ist der am tiefsten verdrängte Bereich, die innerste Tabuzone. Das Verbot, sich dieser Zone zu nähern, wird wirksam, wenn die Gefühle der Angst, des Ekels und des Schreckens die Sicherheit des Individuums zu zerstören drohen. ''Diese Gefühle haben nichts Krankhaftes; aber sie sind im Leben des Menschen das, was die Puppe für das vollendete Tier ist. Die *innere Erfahrung* des Menschen setzt in dem Moment ein, in dem er, *die Puppe durchbrechend, das Bewußtsein hat, sich selbst zu zerreisen,* und nicht einen von außen gesetzten Widerstand. Die Überwindung des objektiven Bewußtseins, das in der Puppenhülle eingeschlossen war, ist ohne diesen Umsturz undenkbar.''[64] In dem Augenblick, wo die Puppe aufbricht, setzt der schizophrene Spaltungsprozeß ein: das Ich zerreißt, die Welt löst sich auf.

''Ein schwarzer Wind kam auf. Die Wände zerfielen, und die Welt wurde ein Gewirr von Schatten. Sie suchte nach dem Schatten von festem Boden, auf dem sie stehen konnte, und wurde nur wieder getäuscht, als er sich wegbog wie eine Hitzespiegelung der Luft. Sie sah Land, und der Wind blies es weg. Jede Richtung wurde eine Lüge. Die Gesetze der Physik und der festen Materie waren aufgehoben, und die lebenslange Erfahrung des Tastsinns, der Bewegung, der Form, der Schwerkraft und des Lichts wurde außer Kraft gesetzt. Sie wußte nicht, ob sie stand oder saß, was oben oder unten war. Sie verlor das Gefühl für die Teile ihres Körpers; vergaß, wo ihre Arme waren und wie man sie bewegte. Während ihr Sehvermögen unberechenbar in schnellem Wechsel schwand und zurückkehrte, versuchte sie, sich an Gedanken festzuhalten — und bemerkte nur, daß sie jede Erinnerung an die englische Sprache verloren hatte ... Das Gedächtnis verließ sie ganz und dann der Verstand, und es blieben die schneller werdenden Abfolgen von Wahrnehmungen, nicht identifizierbar, ohne Worte und Gedanken, um sie festzuhalten. Sie suggerierten etwas Geheimnisvolles und Schreckliches, aber sie konnte nicht festhalten, was es war, denn letzten Endes gab es kein antwortendes Selbst mehr. Jetzt war das Entsetzen ohne Grenzen.''[65]

Vergleichen wir diese Beschreibung einer unvorbereiteten ''schizophrenen'' Ich-Auflösung mit der angestrebten Dissoziation eines persischen Mystikers. ''Es ist unmöglich'', das ''Tal der Auflösung und Vernichtung''... ''zu schildern. Als ein wesentlicher Zustand ist zu erachten das Vergessen, die Stummheit, die Taubheit und die Ohnmacht... Was mich betrifft, der ich weder ich noch ein anderer als ich geblieben bin, ... ich habe mich ganz verirrt, weithin von mir; ich finde in meinem Stande kein anderes Heil als die Verzweiflung. Als die Sonne der Auflösung über mich leuchtete, verbrannte sie beide Welten so leichthin wie ein Hirsekorn. Ob ich auch in meinem Spiel zuweilen gewonnen und zuweilen verloren habe, zuletzt warf ich alles in das schwarze Wasser. Ich bin ausgewischt worden, ich bin verschwunden — nichts ist von mir geblieben. Ich war nur noch ein Schatten, kein kleinstes Stäubchen war von mir da. Ich war ein Tropfen, im Ozean des Geheimnisses verloren,

und jetzt finde ich auch diesen Tropfen nicht mehr.''[66]
Die Erfahrung der Auflösung scheint ähnlich zu sein. Hier wie dort hören die Gesetze des Raumes und der Zeit auf zu existieren; der Verstand und die Sinne funktionieren nicht mehr, der Körper ist zum organlosen geworden.

Der entscheidende Unterschied zwischen dem Mystiker und dem Schizo liegt in der *inneren Einstellung* zum Auflösungsprozeß: der Mystiker wünscht ihn herbei, er unterzieht sich der Isolation, der Askese, um sein Ich zu reinigen, sich vom Egoismus zu lösen. Daher auch die Warnung des Persers: ''Bleibt dir die kleinste Ichsucht, werden die sieben Ozeane dir voll des Unheils sein.''[67] Der Mystiker geht in sich, um sein persönliches Unbewußtes von den Verdrängungen und Projektionen zu reinigen. Erst wenn dieser Prozeß abgeschlossen, kann das Dissoziationserlebnis angstfrei erfahren werden.[68]
Bei der schizophrenen Deborah folgt der katatone Anfall als Bestrafung der Götter aus der Jenseitswelt, dem Land ''Yr'', mit dem sie in einer Privatsprache Kontakt hält. In Yr, ''der Welt, in der sie am intensivsten lebendig war, barst die Sonne am Himmel, die Erde brach aus, *ihr Körper wurde in Stücke gerissen, ihre Zähne und Knochen zerbrochen* und zermalmt.''[69] ''Der organlose Körper ist das Modell des Todes. Wie schon die Autoren des Schreckens richtig begriffen haben, dient nicht der Tod als Modell für die Katatonie, sondern gibt die katatonische Schizophrenie ein Modell für den Tod ab, Nullintensität. Das Modell des Todes tritt hervor, wenn der organlose Körper die Organe zurückstößt und ablegt — keinen Mund, keine Zunge, keine Zähne... bis zur Selbstverstümmelung, zum Selbstmord.''[70] Wenn Deleuze/Guattari einen ''Rückgang der Erfahrung des Todes auf das Modell des Todes'', eine *Schizophrenisierung des Todes''* fordern[71] ,so sehe ich eine Parallele zum symbolischen Tod des Schamanen im Initiationsritus. Dort finden wir ebenfalls die rituelle Zerstückelung des Körpers, aber auch die *Erneuerung der Organe* als Zeichen symbolischer Wiedergeburt. ''Traum, Krankheit oder Initiationszeremonie — das zentrale Element bleibt immer dasselbe, nämlich symbolischer Tod und Auferstehung des Neophyten mit verschiedenen Arten der Zerstückelung (Zerteilung, Aufschneiden, Öffnen des Bauchs usw.).''[72]
Artaud will ebenfalls die Organe aus dem Körper reißen. ''Der Körper ist der Körper/er ist allein/ und braucht keine Organe/ der Körper ist niemals ein Organismus/ die Organismen sind die Feinde des Körpers.''[73]

Aber im zweiten Schritt will er ihn erneuern, ganz ähnlich wie der Schamane es seit Jahrtausenden praktiziert:''ich/werde/es/sein,/der/mich/-selbst/ganz/wiederhergestellt/haben/wird/...durch mich/der ich ein körper bin/und der in sich keine bereiche birgt.''[74]

Artaud ist nur konsequent, wenn er sich eine Ahnengalerie der ''poètes maudits'', der Autoren des Schreckens zulegt: Poe, Nerval, Lautréamont, Coleridge und Baudelaire, denn er erkennt sich in ihnen wieder im Moment der Transzendierung des Leidens, des Schmerzes.[75] Hat es nicht denselben Grund, wenn Genet sich in Gestalt seines Helden Notre-Dame des Fleurs an seiner Zellenwand eine Galerie mit schönen, jungen Mördern zulegt, wenn Nietzsche schreibt: ''Siehe die Guten und Gerechten! Wen hassen sie am meisten? Den, der zerbricht ihre Tafeln der Werte, den Verbrecher: das aber ist der Schaffende.''[76] (?)

Auf den Zusammenhang von Schmerz und Lust ausführlicher einzugehen, verbietet mir der Rahmen der Arbeit. Ich sehe beide im Sinne Batailles als eine Einheit: den Schmerz zu spüren, ihn zu lokalisieren, um ihn zu überschreiten, das ist *ein* Weg, die Angst aufzuheben.[77]

Senatspräsident Schreber hatte auch das Gefühl, daß seine Organe: Magen, Herz, Geschlechtsteile u.a. ''ausgetauscht'' worden seien, er habe sogar ''zu öfteren Malen kürzere oder längere Zeit ohne Magen gelebt.''[78] Er ist jedoch für die Qualen, die ihm von den göttlichen ''Strahlen'' ''angewundert'' worden sind, später entschädigt worden durch intensive *''Seelenwollust.''* ''Im allgemeinen findet ein rapider Wechsel zwischen hochgradigem körperlichen Wohlbefinden und allerhand mehr oder weniger schmerzhaften und widerwärtigen Zuständen statt. Das Gefühl körperlichen Wohlbefindens beruht auf der zu gewissen Zeiten hochgradig entwickelten Seelenwollust.''[79] Er beschreibt diese Empfindung; sie sei ''mich selbst als Mann und Weib in einer Person, mit mir selbst den Beischlaf vollziehend, vorzustellen.''[80]

Die *Gefühlsintensität* scheint entscheidend zu sein für Schreber: gleich starker Schmerz und Lust werden zur gleichen Zeit empfunden: ''Ich genieße zuweilen von unten herauf bis zum Halse die höchste Wollust, während gleichzeitig mein Kopf vielleicht in ziemlich übler Verfassung ist.''[81] Auf jeden Fall ist er zuversichtlich und glaubt, bald ''gewissermaßen schon bei Lebzeiten die Seligkeit, die anderen Menschen erst nach dem Tode verliehen ist, im voraus (zu) genießen.''[82]

Freud konnte die Umwandlung Schrebers in ein ''wollüstiges Weib'' nur als verdrängte Homosexualität interpretieren[83], nur auf ein ödipales Modell reduzieren. Freud kennt nicht den Tod als verdrängte *Erfahrung* des Unbewußten; er kennt nur den Todestrieb: ''weil, so Freud, der Tod kein Modell besitzt, an keine Erfahrung gebunden ist, verwandelt er ihn in ein transzendentes Prinzip ... Demgegenüber sagen wir: es gibt keinen Todestrieb, weil im Unbewußten das Modell und die Erfahrung des Todes gegeben sind.''[84] Wir werden sehen, daß es einigen Schizos tatsächlich gelungen ist, die Perspektive umzukehren, den Tod zu schizophrenisieren, wenn auch nur für kurze Zeit.

Die Ekstase: Gott oder Tod?

Die angstfreie Erfahrung des Todes als ''strahlendes Licht'', wie es die Mystiker, aber auch Maria Erlenberger erlebt haben, kann natürlich nicht Gegenstand ''wissenschaftlicher'' Untersuchungen sein, da es sich hier um den ''über'' sinnlichen Bereich handelt; es gibt bis jetzt (zum Glück?) noch keine naturwissenschaftliche Methode, um die Schwingungen des Ekstatikers, des Meditierenden oder des Drogenkonsumenten zu ''messen''[84a] Ich bin also in diesem Bereich auf die Aussagen, die Gleichnisse, die Bilder der Betroffenen angewiesen, die ich mit meinen eigenen Erlebnissen in der Meditation, im Rausch vergleichen kann. Jedoch hinkt hier jeder Vergleich, da das eigentliche mystische Erlebnis nicht umsonst das ''Unaussprechliche'', das Tao, das Übergegensätzliche genannt wird. Es ist meiner Ansicht nach sehr wichtig gewesen, daß solches ''Wissen'' zur Esoterik, zur Geheimlehre gehört hat, denn es gibt kein Rezept, mit dem man Unendlichkeit verschreiben könnte; auch die Droge fordert ihren Tribut vom Körper, wenn *nur* durch ihren ständigen Gebrauch das ''kosmische'' Bewußtsein gewährleistet ist. Sucht bedeutet, immer ''drauf'' sein zu müssen, weil die Angst vor dem ''Runterkommen'' sich laufend potenziert.
Timothy Leary, der LSD als Volksdroge verbreiten will, um den ''richtigen'' Bewußtseinsstand auf einen Schlag durchzusetzen, macht einen entscheidenden Fehler: Baudelaire hat in seinem ''Gedicht vom Haschisch'' schon darauf hingewiesen, daß es ''sinnlos wäre, wenn man um die Wunder des Opiums kennenzulernen, es einem Viehhändler eingäbe; denn dieser würde nur von Ochsen und Weiden träumen.'' Er hat

eindringlich die Bedeutung der *"inneren" Einstellung* betont, um das mystische Erlebnis durch Drogen zu erreichen; Don Juan hat die "Kraft-Pflanzen" nur benutzt, um dem rationalen Anthropologen Castaneda schockartig zu zeigen, daß noch andere Wahrnehmungsformen neben unserer "vernunft"gemäßen Weltsicht existieren: "Haben die Kraft-Pflanzen mir geholfen? fragte ich. "Selbstverständlich", sagte Don Juan. "Sie öffneten dich, indem sie deine Ansicht von der Welt unterbrachen."[84b] In einem späteren Stadium seiner "Lehrzeit" benötigte Castaneda die Drogen nicht mehr; wir werden noch sehen, welche anderen Mittel es gibt, um den Wahrnehmungsbruch angstfrei ertragen zu können.

Baudelaire spricht von einem "empfindsamen", "unverstandenen" Menschen, einem "Original"[85], das die Bereitschaft dazu mitbrächte, im Rausch nicht nur seine persönlichen Projektionen zu träumen. Mit den sogenannten "psychedelischen Drogen" wie LSD und Peyotl kann durchaus eine kurzzeitige Ek-stasis, ein Heraustreten aus dieser Welt, erlebt werden; jedoch geht der Weg, das Leben nach dem Trip weiter: das Ausflippen muß irgendwie mit dem Alltag vereinbart werden können. Die Glücksdroge als Endpunkt führt zur euphorischen Gleichschaltung, zur verbesserten Sozialtechnik. Huxleys "schöne neue Welt" mit dem befriedeten "glücklichen" Menschen aus der Retorte kann als bedrohliche Perspektive am Horizont erscheinen.

Diese Warnung im Hinterkopf bewahrend, versuche ich mich nun dem "Numinosen" ein wenig zu nähern. Als Zeugen dienen mir der Psychologe Jung und der Anthropologe Castaneda, der bei dem mexikanischen Indianer Don Juan in die Lehre gegangen ist. Im Gegensatz zu Freud behauptet Jung: "Eine gewissermaßen oberflächliche Schicht des Unbewußten ist zweifellos persönlich. Wir nennen sie das *persönliche Unbewußte.* Dieses ruht aber auf einer tieferen Schicht, welche nicht mehr persönlicher Erfahrung und Erwerbung entstammt, sondern angeboren ist. Diese tiefere Schicht ist das sogenannte *kollektive Unbewußte.* Ich habe den Ausdruck "kollektiv" gewählt, weil dieses Unbewußte nicht individueller, sondern *allgemeiner* Natur ist, d.h. es hat im Gegensatz zur persönlichen Psyche Inhalte und Verhaltensweisen, welche überall und in allen Individuen cum grano salis dieselben sind. Es ist, mit anderen Worten, in allen Menschen sich selbst identisch und bildet damit eine in jedermann vorhandene, allgemeine seelische Grundlage überpersönlicher Natur." Die Inhalte des kollektiven Unbewußten sind die *Ar-*

chetypen, ''seit alters vorhandene allgemeine Bilder''[86], wie sie in Mythus, Märchen, Traum und Visionen ihren Ausdruck finden. Das kollektive Unbewußte ist meiner Ansicht nach auch der Ort, wo das Es, das Selbst, der organlose Körper, das Numinose angesiedelt werden können. Wenn ich diese Bezeichnungen im Wechsel benutze, so drückt sich darin nicht meine Unfähigkeit aus, ein entsprechendes einheitliches Wort zu finden, sondern ich sehe in diesen Wörtern jeweils andere Umschreibungsversuche, dessen, was über unser Bewußtsein, unsere Erklärungsmöglichkeit hinausweist: den ''anderen'' Ort, die Spiegelwelt.

Jung nimmt an, daß die Formen der Archetypen in einer archaischen Zeit der Menschheit entstanden sind, ''wo das Bewußtsein noch nicht dachte, sondern wahrnahm.''[87] Die Mythen beschreiben diesen paradiesischen Zustand des ''In-sich-selbst-verloren-seins''. In dem Kapitel über die Wahrnehmung habe ich versucht, den entgegengesetzten Pol dieser Entwicklung, die Gehirnsinnlichkeit, in der die Gefühle nur noch gedacht werden, als gefilterte, reduzierte Empfindung zu beschreiben. Jung gibt nun einen zusätzlichen Filter des Bewußtseins an, der die Archetypen des Unbewußten gebändigt hat: ''Alles Trachten der Menschheit ging daher nach *Befestigung* des *Bewußtseins.* Diesem Zwecke dienten die *Riten,* die représentations collectives'', die *Dogmata*; sie waren Dämme und Mauern errichtet gegen die Gefahren des Unbewußten, die ''perils of the soul''.[87] ''Das Dogma ersetzt das kollektive Unbewußte, indem es dieses in weitem Umfang formuliert .... Das Leben des kollektiven Unbewußten ist fast restlos in den dogmatischen, archetypischen Vorstellungen aufgefangen und fließt als gebändigter Strom in der Symbolik des Credo und des Rituals.''[88]

Hier wird deutlich, warum bei den Schizos immer wieder in den Visionen und ekstatischen Erfahrungen *christliche Motive* auftauchen. Ich gebe hier als Beispiel eine Vision wieder, die ein Anstaltspsychiater bei einer 31-jährigen Frau, ''bisher ohne jede ausgesprochene religiöse Orientierung'', nach ihrer mündlichen Aussage aufgezeichnet hat: ''Begonnen habe das Besondere um die Weihnachtszeit ''mit eigentlich grundlosen Glücksgefühlen'', die anfangs noch leicht zu erschüttern gewesen seien. Der Zustand habe sich dann beim heiligen Abendmahl so verdichtet, daß sie vor Freude hätte hinausschreien können. Von da ab hätte sie in ihrem tiefen Glück am liebsten immer in der Bibel lesen und dabei vor Seligkeit in Tränen ausbrechen mögen. Um Mitternacht, als sie erwachte, war an der Wand eine *Helle von Gott*, die kam und schwand mit den Gedanken. Darin war etwas wie ein Schatten im Goldgewand, es war wie der Menschensohn und zugleich sah sie sieben Leuchter. In Ihrem Kopf habe sie seit dem Abendmahl göttliche Gedanken gehört, ähnlich dem Klang zweier Glocken, wie wenn es Ewigkeitsglocken gewesen wären.''[89] In diesem Kontext wird übrigens sogar von traditioneller psychiatrischer Seite die Übereinstimmung in den Erscheinungsformen von schizophrener und mystischer Ekstase bestätigt: ''Wir haben in schizophrenen Psychosen nahezu alles das gefunden, was von psychologischer, insbesondere religionspsychologischer Seite ... bei Ekstasen beschrieben worden ist und wofür die Literatur der mystischen Erfahrung schier unübersehbare Zeugnisse bereithält.''[90]

Selbst zu Zeiten, als das christliche Dogma seine Funktion als Filter des Unbewußten noch voll innehatte (z.B. im Mittelalter), gab es immer wieder mystische Erfahrungen, die *bilderlos* blieben; das mystische Erlebnis wird meist als Einbrechen von strahlendem Licht, von überheller Klarheit, als Einheit von Innen und Außen beschrieben. Dies wird nur möglich, wenn die Vorstellung von ''Gott'' ihr christliches, großväterhaftes Gesicht verliert, denn dieses Bild ist nur ein Symbol, daß das Dogma geschaffen hat, das die eigentliche transzendente Erfahrung entweder verhindert oder zumindest kanalisiert.

''Es bedurfte schon einer beispiellosen *Verarmung an Symbolik,* um die Götter als psychische Faktoren, nämlich als Archetypen des Unbewußten zu entdecken,''[91] schreibt Jung. Die Wirkungslosigkeit, das Fassadenhafte des Symbols spüren, kein neues in Gestalt eines Trivialmythus an seine Stelle setzen: die Entwertung aller Werte, darunter verstehe ich das Reinigen des persönlichen Unbewußten. Ernst Jünger beschrieb diese *Entmythisierung* folgendermaßen: ''Wenn ich etwa das theologische Mobiliar forträume, Bilder abhänge, weil sie mir verstaubt, vielleicht sogar genant vorkommen, so bleiben an der Wand leere Stellen zurück. Der Blick fällt freilich nicht ins Leere, sondern auf das, was die Bilder gemeint haben. Das haben sie verstellt, verhangen auch. Dergleichen begegnet uns oft in der Wohnung, vor allem bei Umzügen — wir nehmen ein vergilbtes Bild ab, und hinter ihm erscheint die Tapete in ihrer vom Licht nicht ausgelaugten Kraft. Diese Tapete stellt das Ungesonderte, vielleicht auch schon den Raster dar. Von dort strömt Kraft zu. Wir werden nicht nur zur Schöpfung neuer Bilder fähig, sondern sehen auch, was die alten gemeint haben, begreifen die Opfer, die für sie ge-

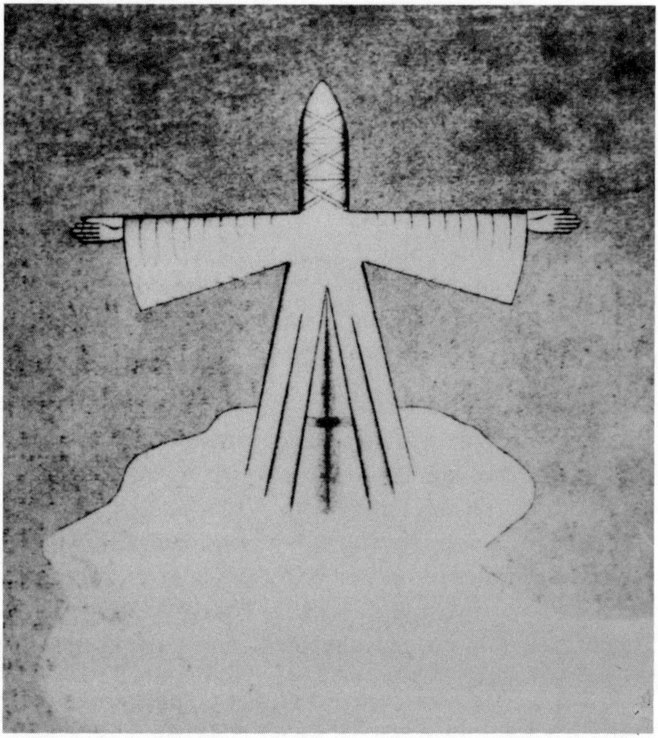

bracht wurden. Das ist die Phase, die der Umwertung der Wert folgt. Sie kündet sicherer als der Hammer, daß die Linie passiert wurde."[92]
Für Schreber wird Gott auch zur bilderlosen Erfahrung, zum Prinzip a priori: "Gott ist von vornherein nur Nerv, nicht Körper, demnach etwas der menschlichen Seele Verwandtes. Die Gottesnerven sind jedoch nicht wie im menschlichen Körper in beschränkter Zahl vorhanden, sondern unendlich oder ewig. Sie besitzen die Eigenschaften, die den menschlichen Nerven innewohnen, in einer alle menschlichen Begriffe übersteigenden Potenz."[93]
Schrebers System baut auf einer gegenseitigen Abhängigkeit zwischen Gottesnerven und menschlichen Nerven auf, "weil vermöge eines nicht weiter aufzuklärenden Zusammenhangs die Nerven lebender Menschen namentlich im Zustande einer hochgradigen Erregung eine derartige Anziehungskraft auf die Gottesnerven besitzen, daß Gott nicht wieder von ihnen hätte loskommen können, also in seiner eigenen Existenz bedroht gewesen wäre."[93a] Das Allgemeine (Gott) ist also vom Einzelnen

(Mensch) genauso abhängig wie umgekehrt; in Schrebers Wahnsystem wird für mich das *Prinzip des ständigen Austauschs von Energie* in Form von ''Strahlen'' zwischen der ''göttlichen'' und der menschlichen Sphäre entscheidend, analog zum energetischen Prozeß zwischen organlosem Körper und Wunschmaschinen.
Schreber unterscheidet zwar auch zwischen einem personifizierten ''oberen'' Gott Ormuzd und einem ''unteren'' Gott Ariman, mit denen er über ''Strahlen'' Kontakt hält. Jedoch macht er sich kein Bild von ihnen; als ihm die ''hinteren Gottesreiche'' in einer Vision erscheinen, kann er nur die ''überwältigende Pracht der Lichterscheinungen''[94] wahrnehmen.

Für Maria Erlenberger wird nicht Gott, sondern der Tod zur strahlenden Erscheinung. Nach langem Fasten, das dieselbe Wirkung hat wie die Askese, das Leermachen des Gehirns der Mystiker, macht sie die Erfahrung des Sterbens bei vollem Bewußtsein: ''Ich sah den Tod — meinen Tod! in strahlendem Licht. Ich wollte ihn annehmen. Mir war leicht, so leicht. In regenbogenfarbenem Licht erstrahlte, was ich sah und was ich dachte.''[95] Mary Barnes schreibt über den Tod: ''Die Schleusen meiner Seele sind geöffnet, und die Säfte meines Lebens ergießen sich in das endlose Meer des Lichts.''[96]

Die Reihe ähnlicher Erfahrungen ließe sich ohne Mühe fortsetzen, doch Bekenntnisse sind bekanntlich wertlos für die exakte Wissenschaft; versuchen wir, etwas genauer zu bestimmen, welche ''Erscheinungen'', welche Gefühle in den Halluzinationen häufig auftreten. Ich bin mir nämlich nicht sicher, ob mancher das Erlebte nicht doch ''nur als Wahnvorstellung'', als ''Projektion der Phantasie'' abtun wird.

Innen und Außen oder: die Nervenwaage

''Unsere Auffassungen von der Wirklichkeit sind durch die Wirklichkeit 'unterdeterminiert' — die Erfahrung sagt nicht von sich selber, was sie sei, ein Erlebnis sagt nicht über sich selber aus, daß es eine Halluzination oder keine sei ... Die Erfahrung kann also selber nicht als Richterin auftreten.''[97]
''Die Wahrnehmungen des Menschen werden nicht durch die Wahrnehmungsorgane beschränkt. Er nimmt mehr war, als die Sinne (und noch so scharfe) entdecken können. Die Vernunft oder der Schluß aus allem,

''Lufterscheinungen''
Halluzination
''Eigentlich seien es keine 'Phantasien', sie seien schon bei Leuten vor Jahrhunderten gezeichnet gewesen und durch 'Luftzug' auf ihn übergegangen, manchmal sehe er sie in der Luft, wenn er sie dann gezeichnet habe, sehe er sie nicht mehr, dann entstehe eine andere Luftentwicklung; sie stammten aus Luftmengen, die nicht mehr existierten...das Bild lasse die Luft entstehen...''
(Aus der'Krankengeschichte'; Prinzhorn S. 103)

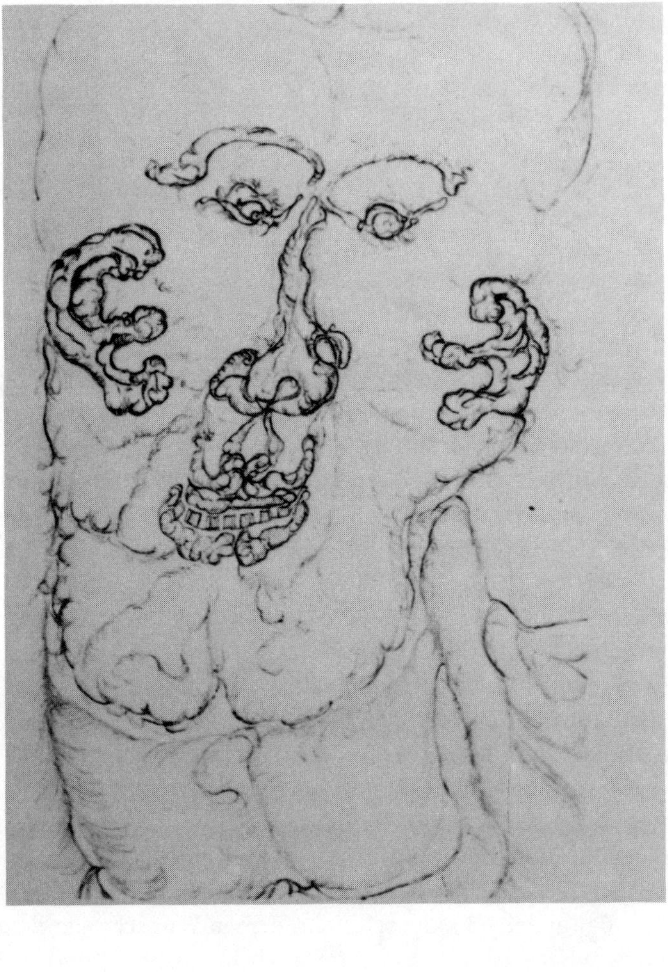

was wir bereits erfahren haben, wird sich nicht gleich geblieben sein, wenn wir mehr erfahren haben werden."[98]

"Was man für wahr hält, ist entweder wahr oder wird wahr im eigenen Geist, und zwar innerhalb der Grenzen, die von Experiment und Erfahrung determiniert werden. Diese Grenzen sind die Überzeugungen, die transzendiert werden müssen."[99]

Der Philosoph Dürr, der sich mit den Halluzinationen des Drogenrausches beschäftigt; der Mystiker William Blake, der seine Visionen als "eine Art höchst gesteigerten künstlerischen Schauens" bezeichnet [1001] Lilly, der Erforscher der "inneren Räume", der zunächst mit Isolationsversuchen im "Tank" und LSD, später mit Meditation und Yoga experimentiert hat: alle drei kommen aufgrund ihrer Erfahrungen zu dengleichen Axiomen. Das Gefühl, die Erfahrung transzendiert den Verstand. In der Halluzination beginnt die starre Grenze zwischen Innenwelt und Außenwelt sich aufzulösen. Wiederum finden wir eine Übereinstimmung zwischen der Wahr-Nehmung des Schizos und der Welt des Rausches.

Eine Patientin Laings: "Es fiel mir auf, daß ich, wenn ich lange genug in die Umgebung starrte, mit ihr verschmolz, und ich verschwand geradeso, als ob der Platz leer und ich nicht mehr dasei. Es ist so, als ob man sich selbst dazu brächte, zu fühlen, daß man nicht weiß, wer man ist und wo man ist. Sozusagen in die Szenerie überginge. Dann bekommt man Angst davor, weil das Gefühl kommt, auch wenn man nicht will."[101]
Hier wird wiederum die primäre Angst vor der Auflösung des Ichs freigesetzt, die ich am Beispiel von Renée schon angerissen habe.[102]
Baudelaire beschreibt die Verschmelzung von Innen und Außen im Haschischrausch mit denselben Empfindungen dagegen als euphorische: "Mitunter verschwindet das Persönlichkeitsbewußtsein, und die Objektivität, die pantheistischen Dichtern eigen ist, entwickelt sich in dir so außerordentlich, daß die Betrachtung der äußeren Dinge dich deine eigene Existenz vergessen läßt und du bald in ihnen aufgehst. Deine Augen richten sich auf einen im Wind harmonisch gewiegten Baum; in wenigen Augenblicken wird, was im Hirn eines Dichters ein sehr gewöhnlicher Vergleich wäre, in dem deinen zur Wirklichkeit. Du verleihst zunächst dem Baum deine Leidenschaften, deinen Wunsch oder deine Melancholie. Sein Seufzen und sein Zittern wird zu deinem, und *bald bist du der Baum.* Ebenso stellt der Vogel, der in der Tiefe des Himmels

schwebt, zunächst die unsterbliche Lust, über den menschlichen Dingen zu gleiten dar; aber schon bist du der Vogel selbst. Nimm an, daß du sitzest und rauchst, daß deine Aufmerksamkeit ein wenig zu lange auf den bläulichen Wolken, die deiner Pfeife entsteigen, ruht — der Gedanke an ein langsam, ständiges, ewiges Verdampfen ergreift deinen Geist, bald überträgst du diese Idee deinen eigenen Gedanken, deiner denkenden Materie. Durch merkwürdige Doppelsinnigkeit und durch eine Art Umstellung oder geistiges Quidproquo fühlst du dich selbst verdampfen und wirst deiner Pfeife (in der du dich hockend und wie Tabak brennend fühlst) die merkwürdige Fähigkeit zusprechen, dich selbst zu rauchen.''[103]
Maria Erlenberger kommt dadurch, daß sie sich innerlich leer macht, nur ihrem ''Rütmus'' folgt, zu einer Art meditativen Gleichmut; die Erscheinungen der Einheit von Innenwelt und Außenwelt wiederholen sich: ''Heute sehe ich auf die kahle Decke wie auf Bäume. Ich sehe ja immer nur in mein Gehirn. Ob in Bäume oder in Zimmerdecken, es bleibt dasselbe Gehirn Natur. Wenn die Seele gefüllt ist mit Erschütterungen, wenn der Stein im Herzen rollt, da ist man satt und ruhig. Die Natur steht nicht außerhalb. Man bewundert die Bäume und das Herbstlaub nicht, man findet nichts schön, man bezeichnet sich nicht als glücklich, sondern man ist eins mit dem Baum, mit dem Tier, und man ist leer und ruhig. Dann sieht man auf Zimmerdecken wie auf bunte Herbstbäume.''[104]

Entscheidende Voraussetzung dafür, diese Subjekt-Objekt-Verschmelzung weder angstvoll noch euphorisch zu erleben, sondern ''neutral'', ist das Finden des eigenen ''Rütmus'', das Horchen auf die innere Stimme. Dann wird auch im Augenblick der Auflösung der ''gerechte Zeuge'', wie Lilly es nennt, das Residualsubjekt die Erfahrung projektionsfrei genießen. Wir sind es gewöhnt, entweder ''nur Innen'' oder ''nur Außen'' zu erleben; eine Einheit, eine Gleichzeitigkeit dieser scheinbar sich ausschließenden Gegensätze kann selten gedacht und fast nie erlebt werden. Lilly beschreibt seinen Rhythmus auf einem Trip als Oszillation, als pulsierende Energie. ''Dieses Kommen und Gehen zwischen dem Fernsten und Nächsten war ein Rhytmus, in den ich auf ganz natürliche Weise hineingefunden hatte. Es schien meine Tendenz zu sein, mich soweit hinaus wie möglich und dann so weit hinein wie möglich zu begeben. Nach und nach lernte ich, daß das Ziel darin bestand, keines von beiden zu tun, sondern *gleichzeitig so weit innen wie möglich und so weit außen wie möglich zu sein.* Im Laufe der Jahre ging ich, was diese Räume betrifft, stufenweise vom ''entweder/oder'' zu einem ''beides'' über.''[105]

Es ist damit ein Zustand gemeint, der über den Gegensätzen, ''jenseits von Gut und Böse'' steht, wie Nietzsche es nannte; Musil strebt nach der ''Mitte zwischen den Zuständen'', der Zen-Buddhist nach der ''Mitte des Seins''[106]

Doch wie kann dieser Zustand erreicht werden? Der Zen-Schüler muß auf eine von seinem ''Meister'' gestellte Aufgabe, das ''Koan'', eine Lösung finden. Ein Beispiel: ''Was ist der Weg?'' ''Er liegt vor deinen Augen. ''Warum kann ich ihn dann nicht sehen?'' ''Weil du an dein Ich denkst.'' ''Siehst du ihn denn?'' ''Solange du Worte gebrauchst wie ''Ich'' und ''Du'' und Sätze sprichst wie ''Du siehst'' und ''Ich sehe nicht'', kannst du ihn nicht sehen.'' ''Wenn es kein Ich und kein Du mehr gibt, kann man ihn dann sehen?'' ''Wenn es kein Ich und kein Du mehr gibt, wer will ihn denn dann sehen?''[107]

Zunächst setzt ein intellektueller Versuch ein, das Koan zu ''lösen''. Jedoch diese Lösung kann mittels der Ratio nicht gefunden werden, der Schüler verzweifelt immer mehr; seine Vernunft löst sich auf, die Meditation wird zur *einzig* wichtigen Aufgabe, zur Frage auf Leben oder Tod. ''Oft geschieht es, daß gerade dann Satori (Erleuchtung) kommt, wenn man den Tiefpunkt an Verzweiflung erreicht hat und entschlossen ist, seinem Leben ein Ende zu bereiten.''[108] Der Schizophrenisierungsprozeß hat seinen Höhepunkt erreicht; erst wenn die Aufgabe vom Bewußtsein ins Unbewußte wandert, kommt es plötzlich zum Verschmelzen von Innen und Außen, zum Samadhi (Versenkung).

Als Beispiel zitiere ich Suzukis Beschreibung der Meditation auf das ''Mu-Koan''. Das Koan lautet: ''Ein Mönch fragte den Chao-Chou: Hat auch ein Hund die Buddha-Natur oder nicht?'' Chao-Chou antwortete: ''Mu''[108a] hat im japanischen *keine* Bedeutung, ist nur ein Laut. Nun Suzukis ''Erkenntnis'' prozeß: ''Bis zu diesem Augenblick war ich mir immer bewußt, daß *Mu* in meinem Geist ist. Aber solange *ich* mir *Mu* bewußt machte, bedeutete es, daß ich bis zu einem gewissen Grad von Mu abgetrennt war, und das ist kein echter Samadhi. Aber am Ende dieses Sesshin, so um den fünften Tag, hörte ich auf, mir Mu bewußt zu machen. *Ich war eins mit Mu,* ich identifizierte mich mit Mu, so daß die Abtrennung verschwunden war, die in dem Sich-bewußtmachen von Mu enthalten ist. Dies ist der wahre Zustand von Samadhi.

Aber dieser Samadhi allein genügt nicht. Du mußt aus diesem Zustand herauskommen, aus ihm erwachen, und dieses Erwachen ist Prajna. Dieser Augenblick, wenn man aus dem Samadhi herauskommt und ihn sieht, wie er wirklich ist — das ist Satori.''[108b]

Beim Zen wird ebenso wie in der Einweihung der Zauberer in den archaischen Kulturen die zumindest vorübergehende vollständige Zerstörung der durch die Vernunft kastrierten Wahrnehmung verlangt: die Schizophrenisierung als Durchgangsstadium, um die Ganzheit des Selbst zu erfahren. Don Juan, der indianische Lehrmeister Castanedas, nennt als Vorbedingungen dafür, die Sichtweise zu revolutionieren: *''seine persönliche Geschichte auslöschen''* und *''den inneren Dialog anhalten''*.

Das Bezeichnete muß sich vom Bezeichnenden total lösen, denn der Code der Vernunft läßt nur noch eine ''offizielle'' Wahrnehmung zu, die in ihrem Alleinherrschaftsanspruch bis in die Grundfesten erschüttert werden muß; denn die Perspektive der Medien, inkarniert im zur Maske erstarrten Nachrichtensprecher, als Maschinenteil der Objektivität, okkupiert das Wohnzimmer des ''freien'' Bürgers. ''Die erste Handlung des Lehrers besteht darin, daß er dem Schüler die Vorstellung vermittelt, daß die Welt, die wir zu sehen glauben, nur eine Ansicht, eine Beschreibung der Welt ist ... Selbstgefällig sind wir in unserer partiellen Weltsicht befangen, die uns zwingt, so zu fühlen und zu handeln, als wüßten wir alles über die Welt. Vom allerersten Augenblick an bezweckt der Lehrer mit all seinem Tun, diese Ansicht zu stören. Die Zauberer nennen es ''den inneren Dialog anhalten''.[109]

Um eine andere ''Sicht'' der Welt zu erreichen, muß der ''Krieger'' *das Nicht-tun* lernen. ''Tun ist das, was den Stein zu einem Stein und den Busch zu einem Busch macht. Tun ist das, was dich zu dir selbst und mich zu mir selbst macht. ''Nicht-tun kann als eine Technik der Wahrnehmung begriffen werden, sich auf die Schatten, die Zwischenräume der Dinge zu konzentrieren, läßt sich aber auf das Denken beziehen, in der Form von *''Nicht-Erwarten''*.

Es ist der von Foucault als *''Denken des Draußen''* bezeichnete Zustand.[110] Artaud hat diesen schmerzhaften Ablösungsprozeß von den gezähmten ''Dingen'', den Begriffen, am eigenen Leib gespürt. ''Ich werde wahrhaftig LOKALISIERT durch meine Begriffe, und wenn ich sage, daß ich durch meine Begriffe LOKALISIERT werde, so erkenne ich sie für mein Denken nicht als gültig an. Ich werde wahrhaftig gelähmt durch meine Begriffe, durch eine Folge von Endigungen. Und damit mein Denken ANDERSWO geschieht in diesen Augenblicken, muß ich es durch diese Begriffe hindurchgleiten lassen, wie widersprüchlich untereinander, wie gleichlaufend, wie zweideutig sie auch sein mögen, bei Strafe des Innehaltens in diesen Augenblicken des Denkens.''.. ''Und ich habe euch gesagt: keine Werke, keine Sprache, kein Wort, kein Geist, nichts. *Nichts, außer einer schönen Nervenwaage. Eine Art von unbegreiflichem, aufrechten Stillstand inmitten des Ganzen im Geist.''...* ''Wenn ich mich denke, sucht sich mein Denken im Äther eines neuen Raumes. Ich bin auf dem Mond wie andere auf ihrem Balkon. In den Gesteinsspalten meines Geistes nehme ich teil an der planetarischen Gravitation.''[111] ''Der schwierigste Teil auf dem Weg eines Kriegers ist, zu erkennen, daß die Welt ein Gefühl ist. Beim Nichttun fühlt man die Welt, und man fühlt die Welt durch ihre Linien.''[112]

Eine weitere Bedingung, dieses Gefühl zu erreichen, heißt bei Castaneda: *''den Tod als Ratgeber benutzen'',* was gleichbedeutend mit dem Verlust der Angst vor dem Tod ist, wenn das Ich akzeptieren lernt, daß uns im Moment der Geburt der Tod mit in die Wiege gelegt worden ist, das Absterben mit der Schöpfung beginnt, beides letztendlich identisch wird. ''Der Tod ist der einzige weise Ratgeber, den wir haben. Immer, wenn du, wie es bei dir meistens der Fall ist, das Gefühl hast, daß alles falsch läuft und dir das sichere Ende bevorsteht, dann wende dich an deinen Tod und frage ihn, ob das zutrifft. Dein Tod wird dir sagen, daß du unrecht hast, daß nichts wirklich wichtig ist, außer seiner Berührung.''[113]
Maria Erlenberger kennt dieses Nicht-tun, den Gleichmut des Zen-Buddhisten: ''Ich habe die Ruhe zu verweilen, bei dem Empfinden der Leere und ich fühle, es ist das zugrundeliegende Gefühl für jedes andere. Sei es Glück oder Unglück, Behagen oder Mißbehagen.''[114] Die Abwehr des Gefühls der Gespaltenheit würde nur ihre Angst verdoppeln, deshalb läßt sie ihren ''Wahnsinn'' fließen; der Strom des Bewußtseins wird nicht gewaltsam abgeklemmt: *das Nicht-tun wird zur Bedingung der Klarheit des Gefühls:* ''Gespalten zwischen Gefühl und Starre, wußte ich, daß ich mich nicht willkürlich vereinigen konnte. Jeder Willensakt dahingehend würde eine Verwicklung meiner Gedanken bedeuten, und der Wahnsinn würde mich quälen. So ließ ich ihn walten, legte mich zurück und blieb ruhig. Ich wurde immer ruhiger. Ich fühlte, daß ich das einzige tat, was ich tun konnte. Nichts.''[115]

Durch Nicht-tun, durch Fasten, Sich-leermachen, ihrem inneren Rütmus folgend, verläßt sie den Bereich des ''Zwangsdenkens'' und taucht in die Späre des ''Ungeteilten Denkens'', wie sie es nennt, ein. Sie schizophrenisiert ihren Tod, indem sie ihn erlebt, ihn zum ''Ratgeber'' ihres Lebens macht. ''Ich war im Tod. Er war ich. Ich habe ihn gefaßt. Er ließ es geschehen, und ich habe ihn losgelassen, das Jungfernhäutchen des Bewußtseins durchschlagen im Tod, ich falle auf der anderen Seite des Bewußtseins ewig weiter. Weiter — ewig — wie vordem — für — aus — nichts — wie alles fällt — ewig fällt — und nicht auftrifft — in unendlicher Bewegung zum Stillstand geworden.''[116] ''Ich weiß aber auch, daß ich unrührbar bin, für mich Tod und Leben dasselbe ist, einem Stein gleich, ich bin im Sternzeichen des Steines geboren.''[117] Sie hat die künstliche Isolation in der Anstalt als ihre Chance erkannt, sämtliche Zwänge der Gesellschaft auszuschalten; was paradox erscheint: nämlich innerhalb der Mauern das ''Draußen'', das All zu denken und zu spüren, ist ihr durch die Umkehrung der Perspektive gelungen. Vielleicht sitzen wir ''draußen'' viel fester in der Zwangsjacke unseres Denkens; unsere Masken erstarren immer mehr, bald werden wir am Maschinenalltag ersticken.

Musils ''irrer'' Mörder Moosbrugger kennt auch dieses Gefühl der Macht, das Außen des Innen. Während er in seiner Zelle sitzt und auf seine Verurteilung wartet, ''halluziniert'' er seinen Kopf als Beherrscher der Dinge. ''Er konnte sich ihn vorstellen, wie er auf den Dingen saß'' ... ''Er war bloß innen und außen''... ''Der Tisch war Moosbrugger. Der Stuhl war Moosbrugger. Das vergitterte Fenster und die verschlossene Tür war er selbst. Er meinte das keineswegs verrückt und ungewöhnlich. Die Gummibänder waren einfach weg. Hinter jedem Ding oder Geschöpf, wenn es einem anderen ganz nah kommen möchte, ist ein Gummiband, das einen nie ganz das tun läßt, was man möchte. Diese Gummibänder waren nun mit einmal fort. Oder war es bloß das hinderliche Gefühl wie von Gummibändern?''[118]
Die ''Gummibänder'' sind nur eine weitere Metapher für den Ballast der Konventionen, der Moral, der Prismen, die sich zwischen das ''Ding'' und den Betrachter geschoben haben. Das *Gefühl* der Einheit von Subjekt und Objekt ist entscheidend, dann wird die Frage, ob etwas ''objektiv richtig oder falsch'' gesehen wird, zu einem Scheinproblem. Die Halluzination, die Vision bedeutet sich selbst: der Schizo wechselt die Kreise (vgl. Anti-Ödipus); *wenn er sich so fühlt* wie der Baum, wie der Vogel,

wie die Wand, wie der Tisch, wie der Mond, wie das Mu, *ist er es.* ''Das Wichtige war, daß es gar nichts Wichtiges bedeutet, ob etwas draußen ist oder innen; in seinem Zustand war das wie helles Wasser zu beiden Seiten einer durchsichtigen Glaswand.''[119] ''... Denn das einzige, was wirklich ist, ist das Sein in dir, das sterben wird. Dieses Sein zu erreichen, das ist das Nicht-tun des Selbst.''[120]

Der Träumer und der Geträumte oder: das Auftreten des Doppelgängers

"Man hat Angst vor dem Selbst, das Angst hat, vor dem Selbst, das Angst hat vor dem Selbst, das Angst hat man könnte von Spiegelungen sprechen."[121]

Wir haben schon erfahren, daß der Schizo die Maske, die Persona ganz konkret "sieht". Die Menschen werden oft zu Charaktermasken: Roboter oder Puppen. "Meine Kameradinnen um mich her mit ihren gesenkten Köpfen, kamen mir vor wie Roboter oder Gliederpuppen, angetrieben von einem unsichtbaren Mechanismus. Der Lehrer am Pult, der redete und gestikulierte, glich ebenfalls einer grotesken Puppe."[122] Renée beschreibt hier die stereotypen *Rollen,* die Schüler und Lehrer innerhalb der Institution Schule innehaben, als unmittelbaren visuellen Eindruck und nicht als Metapher, die der theoretischen Einsicht dieser erstarrten Typen nachgebildet ist. Denselben Eindruck schildert Alexander: "Gesichter gibt es beim Maskenball vor allem."[123]
Ich will versuchen zu rekonstruieren, wie die Maske als Projektion meines persönlichen Unbewußten sichtbar, durchschaubar werden kann. Wenn ich mein Gesicht in einem Spiegel fixiere, passiert es mir häufig, daß das Spiegelbild sich aus dem Spiegel zu lösen scheint, sich mir ein wenig nähert. Das Gesicht wird zur Maske, der Spiegel zeigt mir die verschiedenen Projektionen meines Selbst: den edlen, vergeistigten Typ, den perversen Lustmörder, den zarten Hermaphroditen, das verspielte Kind, manchmal sogar den primitiven Affenmenschen. Alle diese "Bilder" sind in, vor oder hinter meiner Vorstellung von mir selbst verborgen; sie haben nicht den Anschein von Trugbildern, sondern jede Maske ist den anderen gleichwertig. Wenn die Maske im Spiegel sich dem Urmenschen, der Fratze annähert, wird bei mir eine ungeheure Angst freigesetzt: die Angst, mein Ich, mein Bewußtsein zu verlieren, zum Tier zu verfallen; doch ich merke, daß ich meine Projektionen beeinflussen, steuern kann; ich kann in mein Gesicht alle möglichen Spiegelbilder einblenden; wenn ich eine bestimmte Maske im Spiegel erzeuge, fühle "ich" mich vollständig in der entsprechenden Rolle aufgehoben.
Ähnliche Beobachtungen werden häufig von Leuten auf dem Trip berichtet: "Dann schaute ich in den Spiegel, schaute mein eigenes Gesicht an und sah unzählige "Projektionen" auf meinem Gesicht. Zuerst sah

ich mich selbst, so wie ich zu der Zeit war, und dann ging es in sekundenschnell aufblitzenden Bildern durch meine Vorstellung von mir selbst. Ich ging durch viele, viele meiner ''Selbst-Bilder'', durch hunderte, und manche davon waren sehr alt, datierten bis in meine Kindheit zurück. Manche von ihnen bewegten sich ganz offensichtlich vorwärts in der Zeit, zeigten mich, wie ich mit neunzig sein würde, ganz faltig, sehr alt und ausgetrocknet. Andere zeigten mich krank, fleckige Bilder mit Purpur und anderen unangenehmen Farben auf meinem Gesicht. Manche Bilder waren solche meines idealisierten Selbst. Ich erschien mir zeitweise als Gott. Ein anderes Mal erschien ich als Krüppel. Positiv und Negativ flossen aus meinen Bewußtseinsspeichern in die Projektionen. Ich sah plötzlich, wie man aus dem Gedächtnis visuelle Bilder projiziert, wortwörtlich *projiziert.* ''[124] Lilly erlebt auf demselben Trip seine eigene Geburt noch einmal wieder, indem er diese Fähigkeit der Projektion von Bildern direkt in sein Gedächtnis, seine Erinnerung verlagert: der reale

Spiegel wird ersetzt durch einen ''halluzinierten'' Spiegel des Unbewußten, dessen ''Arbeit'' normalerweise nicht ins Bewußtsein dringt; die Projektion der Bilder im Spiegel geschieht im Traum (die Psychoanalyse spricht von Traum''arbeit'') oder in der Phantasie.

Schreber hat erkannt, daß die Phantasie als *Einbildungskraft* ''den Begriff des ''etwas in den Kopf oder das menschliche Bewußtsein *Hineinbildens'',* was außerhalb nicht vorhanden ist, deutlich erkennen'' läßt.[125] Er besitzt diese Fähigkeit des ''Zeichnens'', Halluzinierens — der Projektion von Bildern sowohl nach innen wie nach außen — in ausgeprägtem Maße. Er behauptet, ''daß der Mensch alle Erinnerungen, die in seinem Gedächtnisse noch haften, vermöge der den Nerven davon verbliebenen Eindrücke, gewissermaßen *wie Bilder* in seinem Kopfe mit sich herumträgt... Das Zeichnen... ist der bewußte Gebrauch der menschlichen Einbildungskraft zum Zwecke der Hervorbringung von Bildern (und zwar vorwiegend Erinnerungsbildern) im Kopfe... Ich vermag von allen Erinnerungen aus meinem Leben, von Personen, Tieren und Pflanzen, von sonstigen Natur- und Gebrauchsgegenständen aller Art durch lebhafte Vorstellung derselben Bilder zu schaffen mit der Wirkung, daß dieselben in meinem Kopfe oder auch je nach meiner Absicht außerhalb desselben da, wo ich die betreffenden Dinge wahrgenommen wissen will, sichtbar werden... Gerade so, wie durch Strahlen namentlich in Träumen gewisse Bilder, die man zu sehen wünscht, auf mein Nervensystem geworfen werden, bin ich umgekehrt in der Lage, den Strahlen meinerseits Bilder vorzuführen, deren Eindruck ich diesen zu verschaffen beabsichtige.''[126] Schreber scheint also das ''Träumen'' bei vollem Bewußtsein steuern zu können. Er ist sogar in der Lage, einen *Doppelgänger* zu halluzinieren: ''Ich kann mich selbst an anderer Stelle, als wo ich mich wirklich befinde, z.B. während ich am Klavier sitze, gleichzeitig als in weiblichem Aufputz im Nebenzimmer vor dem Spiegel stehend ''zeichnen''.[127]

Sein Doppelgänger ist jedoch ''nur'' eine weitere Projektion, eine neue Maske im Spiegel. ''Der Spiegel aber liegt hinter der Maske und zeigt das wahre Gesicht.''[128] Die Erfahrung des ''wahren'' Doppelgängers, des Selbst, in dem die Maske aufbricht, droht mit Auslöschung des alten Ichs: die Angst schleicht sich erneut heran.

Rilke läßt seinen Malte Laurids Brigge eine Maske als Verkleidung aufsetzen; als Malte jedoch merkt, daß die Persona fest sitzt, ihn beherrscht, überfällt ihn die Angst des Individuums, das plötzlich seine Unfreiheit, seine Fremdbestimmung erkennt. Die Maske wird zum wah-

ren Gesicht; die Puppe ist lebendig geworden: einen Moment lang sind die Perspektiven vertauscht, Maltes wahres Selbst, der Spiegel, schaut von der ''anderen'' Seite entsetzt auf das Eigenleben der Charaktermaske: ''Heiß und zornig stürzte ich vor den Spiegel und sah mühsam durch die Maske durch, wie meine Hände arbeiteten. Aber darauf hatte er nur gewartet. Der Augenblick der Vergeltung war für ihn gekommen. Während ich in maßlos zunehmender Beklemmung mich anstrengte, mich irgendwie aus meiner Vermummung hinauszuzwängen, nötigte er mich, ich weiß nicht womit, aufzusehen und diktierte mir ein Bild, nein eine Wirklichkeit, mit der ich durchtränkt wurde gegen meinen Willen; denn jetzt war er der Stärkere, und *ich war der Spiegel.* Ich starrte diesen großen, schrecklichen Unbekannten vor mir an; und es schien mir ungeheuerlich, mit ihm allein zu sein. Aber in demselben Moment, da ich dies dachte, geschah das Äußerste: ich verlor allen Sinn, ich fiel einfach aus. Eine Sekunde lang hatte ich eine unbeschreibliche, wehe und vergebliche Sehnsucht nach mir, dann war nur noch er: es war nichts außer ihm.''[129]
Die Persona hat die Macht übernommen!

Das Auftreten des Doppelgängers wird in der Literatur meist als Zeichen für drohendes Unheil, für den nahenden Tod des Helden beschrieben. In Dostojewskijs Roman ''Der Doppelgänger'' begegnet Goljädkin seinem Spiegelbild das erste Mal in einer Winternacht auf der Straße, nachdem er sich vorher schon in einem tagträumerischen Zustand befunden hatte. Es kommt ihm ein Fremder entgegen, der spiegelbildlich die gleichen Bewegungen wie Goljädkin macht. Der Fremde ''ging gleichfalls sehr eilig, war gleichfalls ganz vermummt, hatte den Hut in die Stirn gezogen und den Kragen aufgeschlagen, und ging ganz wie er, Herr Goljädkin, mit kleinen, schnellen, trippelnden Schritten, ein wenig im Trab. 'Was ... was ist denn das?' murmelte Herr Goljädkin mit einem ungläubigen Lächeln, — schauderte aber doch am ganzen Körper zusammen. Es lief ihm kalt über den Rücken... 'Was ist das mit mir?' dachte er ärgerlich, 'bin ich denn etwa rein von Sinnen oder ... oder schon ganz verrückt?'' Als er nach Hause kommt, hat sein Spiegelbild schon seinen Platz eingenommen: ''Der Unbekannte saß vor ihm auf seinem Bett, gleichfalls in Hut und Mantel, lächelte ein wenig, blinzelte ihm zu und nickte freundschaftlich mit dem Kopf. Herr Goljädkin wollte schreien, konnte aber nicht — wollte irgendwie protestieren, doch die Kraft reichte dazu nicht aus. Die Haare standen ihm zu Berge, und er setzte sich, starr vor Schreck. Dazu hatte er freilich Ursache. Herr Goljädkin erkannte sofort seinen nächtlichen Freund. Sein nächtlicher

Freund aber war niemand anders als er selbst, ein anderer Herr Göljädkin und doch Herr Goljädkin selbst — mit einem Wort und in jeder Beziehung war er sein eigener Doppelgänger!"
Die Ebenen von Realität und Traum vermischen sich immer mehr: In einem Traum verdoppelt er sich nicht nur, sondern vervielfacht sich sogar: "Doch bei jedem Schritt, den er macht, bei jedem Aufschlag seiner Füße auf das harte Trottoir, sprang wie aus der Erde hervor ein ebensolcher Herr Goljädkin, jener andere Herr Goljädkin, jener verworfene, ruchlose, abscheuliche Zweite." Der Doppelgänger übernimmt als "Goljädkin junior" in Dostojewskijs Roman im Laufe der Zeit alle gesellschaftlichen und privaten Funktionen von "Goljädkin senior", denn er spielt seine Rolle besser, während das ursprüngliche Ich keine feste Rolle mehr einnehmen kann, laufend die Codes wechselt, für die Gesellschaft nicht mehr tragbar ist.
Im Traum sind die Verhältnisse umgekehrt: der Doppelgänger beweist sich auf einer Abendgesellschaft als die besser funktionierende Maske, und *die Gesellschaft akzeptiert ihn!* Ein glänzendes Beispiel dafür, wie der Schizo, sobald er die Maske durchbricht, isoliert wird von der Gesellschaft; wer hinter den Spiegel, auf die "andere" Seite gerät, ohne dieses "wahre Selbst" ausfüllen zu können, weil sein persönliches Unbewußtes noch nicht geklärt ist, wird dafür bestraft, ausgeschlossen, kaserniert. Der Doppelgänger im Traum "bewies allen klar, daß Herr Goljädkin der Ältere, daß also der wirkliche Goljädkin — gar nicht der wirkliche sei, sondern ein nachgemachter, während er, er selbst der wirkliche wäre... Herr Goljädkin der Ältere aber, der sei, sagt er, durchaus nicht derjenige, als der er erscheine, sondern bald dieser, bald jener — und folglich habe er auch gar nicht das Recht, zu der Gesellschaft so trefflicher Leute von gutem Ton zu gehören!"[130]

Man mag hier einwenden, dieses Beispiel sei ja "nur" ein literarisches, "nur" eine Fiktion im Traum; doch eine ähnliche Paranoia wird z.B. von Strindberg, dem Jaspers das Etikett des Schizos verliehen hat[131], in seinem autobiographischen Tagebuch "Inferno" als "reale" Erfahrung beschrieben. Strindberg wird ebenfalls von einem Unbekannten, der spiegelbildlich seine eigenen Bewegungen kopiert, bedroht; der Doppelgänger belagert ihn von zwei Seiten, denn er bewohnt zwei Nachbarzimmer in Strindbergs Pension: "Nie höre ich den Unbekannten sprechen. Er scheint hinter der Bretterwand, die uns voneinander trennt, mit einer Schreibarbeit beschäftigt zu sein. Jedenfalls ist es merkwürdig, daß er

jedesmal, wenn ich meinen Stuhl zurückschiebe, das gleiche tut. Er wiederholt überhaupt alle meine Bewegungen und äfft mich nach, als wollte er mich ärgern. Das dauert drei Tage. Am vierten Tag mache ich folgende Beobachtung: wenn ich zu Bett gehe, legt sich der andere im Zimmer neben meinem Arbeitstisch schlafen. Wenn ich aber in meinem Bett liege, höre ich, wie er in ein anderes Zimmer geht und sich dort in das Bett legt, das Seite an Seite mit dem meinen steht. Ich höre, wie er sich parallel zu mir ausstreckt. Er blättert in meinem Buch, löscht die Lampe, holt tief Atem, dreht sich zur Seite und schläft ein. Vollständiges Schweigen herrscht im Raum neben meinem Tisch. Er bewohnt also beide Zimmer. Es ist unbehaglich, von zwei Seiten belagert zu sein.''[131a]
Der Doppelgänger scheint immer an der Grenze zwischen Wachsein und Schlaf, zwischen Realität und Fiktion, zwischen Person und Spiegel, zwischen Betrachter und Betrachtetem aufzutauchen. Im Traum, im Spiegel des Unbewußten, scheinen die Verhältnisse sich umzukehren, die Perspektive zu wechseln: die Maske wird von der ''anderen'' Seite, vom wahren Selbst durchschaut. Die Angst, die Paranoia wird ausgelöst, wenn das Ich wieder zurückkommt, nicht mehr weiß, welche Seite des Spiegels eigentlich die ''echte'' ist. *Wer spiegelt wen?*

''Der Doppelgänger ist ein Traum'', behauptet Don Juan.[132] Castaneda muß zunächst lernen, seine Hände im Traum zu beobachten; damit soll er die Fähigkeit erlangen, den Traum *bewußt* zu erleben, in dem gleichen Moment, wenn er geschaffen wird, nicht nur aus der Erinnerung; dann werde er erfahren, ''daß der Traum, in dem man sich selbst im Schlaf beobachtet, die Zeit des Doppelgängers sei.''[133] Ihm gelingt es tatsächlich, seinen Doppelgänger zu ''halluzinieren'', sich zu spalten: er ''sieht'' sich selbst, seinen eigenen Körper, auf dem Boden liegen. ''Ganz langsam dämmert mir die Erkenntnis, daß der Mann dort am Boden ich selbst war. Diese Erkenntnis bereitete mir keinerlei Angst oder Unbehagen. Ich akzeptierte es einfach ohne Gefühlsbeteiligung.''[134]
Hier liegt wiederum der entscheidende Unterschied zu den bisher geschilderten Erlebnissen: Etwas zu erleben, was man nicht kennt, das dem Ich unbegreiflich erscheint, das Erlebnis der Spaltung als nicht bedrohliches zu erfahren, setzt die Haltung der inneren Leere, die ich im vorigen Kapitel näher bestimmt habe, voraus. Angst wird produziert, wenn das Ich es nicht aushält, *daß etwas mit ihm gemacht wird,* was die beschränkte Vernunft nicht erklären kann. Die Paranoia beginnt, wo

die Übermacht eines unbegreiflichen Gefühls die Sicherheit der Ratio zerstört. Castaneda kann den Zwischenzustand, den Übergang von einer Seite des Spiegels zur anderen, aushalten. *Er wird ver - rückt, ohne verrückt zu werden!*

''Dann kam ein einzigartiger Augenblick. Ich hatte zwei Bilder vor meinem inneren Auge, zwei Träume. Mir war, als ob irgendetwas in mir fest schlief und nun erwachte, und ich fand mich auf dem Fußboden der Veranda liegend wieder, während Don Juan und Don Genaro mich schüttelten. Aber ich war auch an dem Ort der Kraft, und Don Juan und Don Genaro schüttelten mich ebenfalls. Es gab einen entscheidenden Moment, wo ich weder an der einen noch an der anderen Stelle war, sondern an zwei Orten als Beobachter zwei Szenen gleichzeitig sah. Ich hatte die unglaubliche Empfindung, als könne ich mich in diesem Augenblick für das eine oder das andere entscheiden. Ich brauchte nur den Gesichtswinkel zu wechseln und eine der beiden Szenen, statt sie von außen zu beobachten, aus der Perspektive des Subjekts zu erfühlen.''[135]

Castaneda nimmt zwar dieses Erlebnis ganz klar wahr, kann jedoch Don Juans spätere Erklärung intellektuell nicht begreifen. Don Juan sagt: ,,Du wolltest etwas über den Doppelgänger erfahren. Nun, er beginnt in den Träumen. Aber dann fragtest du: Was ist der Doppelgänger?, und ich sagte dir, der Doppelgänger ist das Selbst. Das Selbst träumt den Doppelgänger... Sobald das Selbst gelernt hat, den Doppelgänger zu träumen, erreicht es diesen unheimlichen Scheideweg, und es kommt der Augenblick, da man erkennt, *daß es der Doppelgänger ist, der das Selbst träumt...* Die Lehre von gestern abend handelt, wie gesagt, vom Träumer und vom Geträumten oder davon, wer wen träumt... Es war keine Vision oder Halluzination, als du dich am Boden liegen sahst. Du hättest dies mit unendlicher Klarheit erkennen können, wenn du dich nicht in einer Schwelgerei verloren hättest, und dann hättest du erkennen können, daß du selbst wie ein Traum bist, daß dein Doppelgänger dich träumt, genau wie du ihn gestern abend geträumt hast.''[136]

Vielleicht meint Alexander dieselbe Erscheinung in seinem Gedicht.

''Der Traum
Der Traum ist eine spielerische Art
bei Nacht — eines Schlafes. Für eine
Person. — Ist eigentlich ein Geschenk
einer anderen Person. Bei Nacht! — — — — ''[137]

Vielleicht ist "die andere Person" der Doppelgänger, das Selbst, das im Traum die Grenze überschreitet, ein Stück am kollektiven Unbewußten teilnimmt. Vielleicht auch nicht.

"Die Zauberer behaupten, daß wir in einer Blase stecken. In einer Blase, in die wir im Augenblick unserer Geburt gesteckt werden. Zuerst ist die Blase offen, aber dann beginnt sie sich zu schließen, bis sie uns ganz eingeschlossen hat. *Diese Blase ist unsere Wahrnehmung.* Unser Leben lang leben wir in dieser Blase. Und was wir an ihren gewölbten Wänden sehen, ist unser eigenes Spiegelbild."[138] "Die Hälfte der Blase ist ganz und gar Zentrum der Vernunft, das Tonal. Die andere Hälfte ist ganz und gar Zentrum des Willens, das Nagual. Dies ist die Ordnung, die vorherrschen sollte. Jede andere Verteilung ist unsinnig und schäbig, weil sie gegen unsere Natur verstößt. Sie raubt uns unser magisches Erbe und reduziert uns auf ein Nichts."[139] Die Aufgabe des Zauberers besteht nun darin, die Insel des Tonal — der Vernunft — aufzuräumen und neuzuordnen; die Hilfsmittel sind die schon erwähnten: den inneren Dialog anhalten, das Nicht-tun, den Tod als Ratgeber benutzen. Durch Befolgen scheinbar absurder Aufgaben wird (ähnlich wie beim Zen) die Schizophrenisierung des zweckbestimmten Handelns erreicht. Der Schüler soll "die Fähigkeit zu handeln, ohne zu glauben, ohne Belohnung zu erwarten — einfach drauflos zu handeln"[140] — entwickeln. Man könnte diese Neuordnung der Vernunft mit der Reinigung des persönlichen Unbewußten vergleichen. Die Vernunft ist nicht völlig überflüssig, nur darf sie sich nicht überschätzen, glauben, sie könnte das Nagual, das kollektive Unbewußte, das Es, die Sphäre des organlosen Körpers (man mag "Es" nennen, wie man will) beherrschen, kontrollieren oder erklären. Das Paradoxe ist, daß die Vernunft gerade dann, wenn sie akzeptiert, daß es noch einen "über" sinnlichen Bereich gibt, in den sie eingebettet ist, die authentische Freiheit gewinnt: nämlich mit klarem Blick sich an jedes "Ding" ankoppeln und es wieder loslassen kann; *sich* in Bezug zu dem *Ganzen* setzen, "Rhizom machen" kann.

"Deine kostbare Vernunft ist nur ein Zentrum der Sammlung, ein Spiegel, der etwas reflektiert, das sich außerhalb von dir befindet."[141] Jakob Böhme ist zu derselben Einsicht gekommen, wenn er behauptet: "Das Innere hält das Äußere vor sich als einen Spiegel, darinnen es sich in der Eigenschaft der Gebärung aller Gestaltnisse besieht; das Äußere ist seine Signatur."[142]

''Das Nagual ist das Unaussprechliche. In ihm schwimmen all die möglichen Gefühle und Wesenheiten und Ichs wie Kähne im Wasser dahin, friedlich, unabänderlich, ewig. Dann bindet der Leim des Lebens einige von ihnen zusammen... Ein Wesen taucht ins Tonal ein, sobald die Kraft des Lebens alle dazu nötigen Gefühle zusammenbindet. Ich sagte dir einmal, daß das Tonal mit der Geburt beginnt und mit dem Tod endet. Ich sagte dies, weil ich weiß, daß sobald die Kraft des Lebens den Körper verläßt, alle diese Bewußtseine sich auflösen und wieder dorthin zurückkehren, woher sie kamen, ins Nagual. Was ein Krieger tut, wenn er ins Unbekannte aufbricht, ist ganz ähnlich wie sterben, außer daß das Bündel seiner einzelnen Gefühle sich nicht auflöst, sondern diese sich ein wenig ausdehnen, ohne ihren Zusammenhalt zu verlieren. Beim Tod jedoch fallen sie auseinander und bewegen sich unabhängig von einander, als hätten sie nie eine Einheit gebildet.''[143] Ich meine, hier ist derselbe Vorgang beschrieben, den Deleuze/Guattari als Schizophrenisierung des Todes durch das Residualsubjekt bezeichnen. Das Tonal entspricht *einem* Kreis, *einer* Drehung des ''festen'' Subjekts um die Wunschmaschinen (vgl. meine Zeichnung S. 14); das Nagual entspricht der Dimension des organlosen Körpers, der Sphäre der göttlichen Energie.[144] Der Unterschied zwischen beiden Modellen liegt darin, daß Don Juan sein ''Wissen'' aus dem archaischen Wissen der ''Zauberer'' und seiner eigenen Erfahrung gewonnen hat; Deleuze/Guattari dagegen über das Denken des Denkens, die Wurzeln der abendländischen Philosophie, sowie die Negativerfahrung der psychiatrischen Praxis zu dem Punkt gelangt sind, an dem das Denken wieder sein ''Draußen'' anvisieren kann.

Die "Kunst" des Schizos oder: "es wird mit mir gemacht"

Selbstdarstellung als Katharsis, das Fließen der Produktion

Der Schizo ist durch einen Riß in der Blase der Wahrnehmung auf die andere Seite des Spiegels gefallen; er scheint endlos zu kreisen; wo soll er sich festhalten, wie kann er das "Unaussprechliche" durch sich hindurch fließen lassen, ohne sich vergewaltigt zu fühlen: durch alle möglichen Formen der Darstellung seines Selbst: er kann "Es" herausschreien, herausheulen, herauslachen, heraustanzen, heraustrommeln...... oder herausschreiben: "Wo bleiben heute meine Gedanken, sie bilden sich nicht so leicht vor mir. Sie bleiben aus. Ich werde versuchen, den Kugelschreiber fließen zu lassen. Ich weiß, in dem ist noch Farbe vorhanden."[145] "Es gibt wieder Neues für mich, ich habe es aufgefunden. Ich brauche oft lang, bis ich mich im Schreiben eingefunden habe. Ich kann es an den Zeilen hier spüren, sie finden keinen rechten Anfang zum Ende, und ich stelle an mich nicht die Forderung, etwas zu finden. Ich tüftle herum in meinem Gehirn, lege einen Gedanken über den anderen, schiebe sie von hier nach da, rüttle die Gedanken wie ein Würfelspiel in meinem Kopf... Ich schüttle noch einmal — — — ich werfe — — nichts weist sich — — — Stille — — — der Ober bringt mir einen Kaffee. Ich nehme, auf das äußerste konzentriert, mit aller Sorgfalt und Genauigkeit, die ich aufbringen kann, noch einmal meine Würfel in die hohle Hand. Ich sehe sie an, die schwarzen, roten und violetten Würfel mit den leuchtenden Punkten, die mich mit blitzenden Augen ansehen, und ich schließe die beiden Hände darum — ganz sorgfältig und langsam tue ich es. Ich erhebe die hohlen Hände zum Ohr und horche — ich höre sie durcheinanderkollern in dumpf verhaltenem rütmischem Gewirr — — und ich öffne die Hände und entlasse die Gedanken mit den blitzenden Augen — — — sie rollen aus und liegen vor mir auf dem Tisch — — die Augen sehen mich listig und verschmitzt an — — ein Auge — fünf Augen — sechs Augen, sie lächeln gutmütig über mich, denn sie wissen, *daß ich beim Spiel, das "Aufschreiben" heißt, nach dem geeigneten Faden suche,* den ich gestern abend ausgelassen habe und den ich heute morgen nicht mehr erhaschen kann. Es müssen meine Augen sein, die hier auf dem Tisch leuchten. Sie sind golden."[146]

Maria Erlenberger beschreibt ihre "Produktion von Gedanken", die wie das Abspulen des Ariadne-Fadens verläuft. "Welche Lust in dem bloßen Akt, einen Knäuel abzurollen. Und diese Lust ganz tief verwandt mit der Rauschlust wie mit der Schaffenslust."[147] Die Produktion ist sich selbst genug, sie braucht keinen äußeren Vorwand: der Kugelschreiber fließt automatisch, *der Schreibende wird geschrieben;* der Zwang, etwas wichtiges zu sagen, löst sich auf zu einem Spiel mit den Wörtern, den Gedanken; kindlich ist an diesem Spiel die Freude am Detail, an Nuancen; die Naivität, alles als jeweils aus dem Moment heraus geschaffen zu genießen. Jedoch die Möglichkeit, "Es" in dieser Form auszudrücken, niederzuschreiben, setzt die Bewußtheit, die Bewältigung der Sprache voraus; der Weg "zurück", die Regression zum naiven Spiel, setzt den Weg der Trennung von Geist und Körper voraus; zu eliminieren ist nur der Ballast von Moral und Tabu.

"Ich habe mir die Erwartung wiedergegeben, die ich als Kind neu erfundenen Spielen gegenüber aufgebracht hatte. Ich habe es für mich gefunden zu schreiben und ich bemerke mit Erstaunen, wie vielfältig dieses Spiel ist und wie es immer wieder neue Variationsmöglichkeiten ergibt. Ich hänge daran zu beobachten, was mir neu ist."[148] Die "Dinge" sind wirklich in jeder Sekunde neu, das Banale wird nur dann langweilig und fade, wenn wir nichts neues mehr erwarten. Die Gewohnheit, das Sicherheitsdenken des Bürgers, sieht die Dinge nur in ihrer Linearität; es darf sich nicht eingestehen, daß gerade die Vielschichtigkeit, der "Möglichkeitssinn", wie Musil es nennt, das Geheimnis der Welt bildet. *Das Rhizom* "ist einzig und allein durch die Zirkulation der Zustände definiert." Es hält den endlosen Prozeß der Geburt und des Sterbens, des

Schaffens und Zerstörens als Momentaufnahme fest in dem Punkt, wo die Gegensätze eins werden. "Das Rhizom läßt sich weder auf das Eine noch auf das Viele zurückführen. Es ist nicht das Eine, das zwei wird, auch nicht das Eine, das direkt drei, vier, fünf etc. wird. Es ist weder das Viele, das vom Einen abgeleitet wird, noch jenes Viele, zu dem das Eine hinzugefügt wird (n + 1). Es besteht nicht aus Einheiten, sondern aus Dimensionen. Ohne Subjekt und Objekt bildet es lineare Vielheiten mit n Dimensionen, die auf einem Konsistenzplan ausgebreitet werden können, und von denen das Eine immer abgezogen wird."[149] Musil nennt diesen Konsistenzplan, das Chaos der öffentlichen Sphäre, poetischer: eine "unendlich verwobene Fläche".[149a]

Das Eine, das Geschehen des Augenblicks wird aus der Negativität des Nicht-Erwartens geboren (n - 1); dagegen weiß die Gewohnheit immer schon im voraus, was kommen wird, und wendet sich gelangweilt ab. Das gilt vor allem für das Empfinden von Raum und Zeit. "Heute ist schon morgen geworden. Ich konnte eigentlich gestern gar nicht wissen, ob es morgen werden würde. Ich bin vor Freude auf das Morgen nicht geborsten, das pflegt man ab einem gewissen Alter nicht mehr zu tun. Man hat sich an die Ereignisse so schon gewöhnt, die auftauchen können."[150]

Ganz anders der Schizo: Wenn er "Es" herausläßt, ist er reine Unmittelbarkeit, gibt es für ihn kein gestern und morgen. Er verliert sich in der Aktion, der *Selbstdarstellung;* er spielt mit den Dingen, die Dinge spielen mit ihm: der "Rütmus" pulsiert in jedem Geschehen. "Ein Wahnsinniger als Dirigent ist ein ganz eigenes Schauspiel. Ein Mensch geht auf in der Bewegung, das Dirigieren wird zum eigenen Tanz des Dirigenten. Ein spastischer, temperamentvoller Dirigent, der keine Kontrolle über seinen eigenen Rütmus hat, sondern seine Seele hemmungslos herausdirigiert, wird zum Sinn des Dirigierens selbst... Er dirigiert sich selbst ohne Sinn und Zweck, ohne Macht ausüben zu wollen. Er wird von seinem eigenen Rütmus dirigiert, während er tobt, und kehrt wieder zu sich selbst zurück... Alles was kommt ist recht, es ist für nichts gut, bringt nichts ein." Hier finden wir Don Juans Aufgabe des Einfachdrauflos-handelns in der Selbstdarstellung des "Verrückten" eingelöst. "Ohne Steuerrad, ohne das Verlangen nach Harmonie, ergibt das ein Chaos von Tönen oder Gefühlen, das Chaos als Basis der Ordnung, ohne daß die Verbindung abgeschnürt ist, Töne, die ihre Ordnung im Tun, ihren Antrieb in ihrem Ursprung haben und wieder dahin zurückkehren. *Chaos ist zugleich Ordnung.* Das Chaos besteht aus allen Ordnungen zugleich. Die Ordnung unterliegt keinen Gesetzen, Wunsch-garantien.''[151]

Das, was ich hier Selbstdarstellung genannt habe, findet in der Gestalttherapie ebenso wie im archaischen Tanzritus als expressive Meditation seinen Ort. Das Heilende, das Reinigende war Bestimmung der Kunst in der griechischen Tragödie; vielleicht läßt das Schreiben, Tanzen sowie jede andere Form des ''Selbst''ausdrucks die ursprüngliche magische Bedeutung der Kunst als Katharsis wiederaufscheinen. Der Schamane begreift die Krankheit als Besessenheit, die ausgetrieben werden muß; in der Initiation hat er den Wahnsinn, die Zerstückelung am eigenen Leib durchstehen müssen, bevor es ihm gelang, die ''bösen'' Kräfte zu beherrschen.

Artaud schreibt: ''Keiner hat je geschrieben oder gemalt, geformt, modelliert, gebaut, erfunden, es sei denn, um der Hölle zu entkommen.''[152] Als ihm in der Anstalt von Rodez von seinem Psychiater unter Androhung des Elektroschocks verboten wird, ''zu schniefen, herumzuwirbeln und zu atmen'', resümiert er: ''denn gerade das war in der Tat das ganze Problem der authentischen Freiheit: Frei sein, um rein zu sein. Und um frei zu sein, zuvor rein zu sein.''[153]

Selbstdarstellung als Katharsis, das Dilemma bleibt weiterhin: die Freiheit im Chaos der Gefühle funktioniert nur *innerhalb* der Anstaltsmauern, denn dort ist alles erlaubt. ''Und plötzlich wußte Debora, was an Station D gut war: keine verlogene Höflichkeit mehr oder der Zwang, nach den unverstehbaren Gesetzen der Erde zu leben. Wenn die Blindheit kam oder die harten Schmerzkrämpfe von dem nichtexistierenden Tumor oder die Hölle, würde niemand sagen: ''Was sollen die Leute denken!'', ''Benimm dich wie eine Dame'' oder ''Mach kein Theater''.[154] Jedoch die Freiheit wird erst dann authentisch, wenn das Chaos seine Bedrohlichkeit *außerhalb* der Anstaltsmauern verliert, sich Eintritt im Alltag verschafft; bietet doch gerade die zersplitterte, chaotische Struktur des Großstadtverkehrs z.B. den idealen Nährboden für die schockartige Wahrnehmung. "Durch ihn (den Verkehr, d.V.) sich zu bewegen, bedingt für den einzelnen eine Folge von Chocks und von Kollisionen. An den gefährlichen Kreuzungspunkten durchzucken ihn, gleich Stößen einer Batterie, Innervationen in rascher Folge."[155] Die wachsende Angst des Bürgers vor dem Chaos, dem Wahnsinn, der bis jetzt fast nur eine kasernierte Existenz führt, ist ein sicheres Indiz für das Durchlässigwerden, das Abbröckeln der Persona; doch die Haut des Schlangeneis ist noch nicht geplatzt, obwohl darunter schon das vollentwickelte Reptil zu erkennen ist.[156]

Die Darstellung des Selbst ist keine Reinigung im Sinne eines Guten, Schönen, Wahren, sondern nur als Prozeß existent; reines Werden, nur Intensität. Nietzsche hat die Aufgabe der Kunst als Katharsis bestimmt, "nicht um von Schrecken und Mitleiden loszukommen, nicht um sich von einem gefährlichen Affekt durch dessen vehemente Entladung zu reinigen — so verstand es Aristoteles — sondern um, über Schrecken und Mitleid hinaus, die ewige Lust des Werdens *selbst zu sein* — jene Lust, die auch noch die *Lust am Vernichten* in sich schließt..."[157] Artauds "Theater der Grausamkeit" hat versucht, diese Struktur zu verwirklichen: die Überschreitung des Gefühls im Schmerz, in der theatrischen Geste zur reinen Präsenz im orgiastischen Fest auf der Bühne[158]. Maria Erlenberger hat diese Grenze, in der Tod und Leben als permanente Wiedergeburt erscheinen, durch den Hunger überschritten. "Mein Hunger fasziniert mich. Es war der Hunger meines Seins nach dem Leben und nach dem Tod. Der Hunger nach Erschütterung des starren Herzens, das das Tor öffnet zu allen Kammern des Gehirn. Ich lebte damit und dafür, das fühlte ich, ich war es. *Ich gebar mich jeden Tag, heute so wie damals...* Mit neuen Lampen leuchte ich auf meiner Erinnerung und bin mir im Augenblick schon wieder Erinnerung. Damals, als ich hungerte, habe ich gewußt, was ich jetzt weiß. Nie war ich eine andere, nie mir ferner oder näher als immer. Jetzt ist mein Anfang und mein Ende. Es hat keine Bedeutung. Es ist mein Gedankenspiel mit neuen Kugeln, mit alten Kegeln. Mein Hunger ist geblieben, ich liebe ihn, er ist ich ... Ich stecke meinen Kopf aus den Wogen des Wahnsinns und sehe um mich. Ich sehe nichts, außer viele Wogen, die mich alle tragen können, es sind die Wogen meines Blutes, und ich schreibe mit meinem Blut Buchstaben Worte Sätze."[159]

In der Produktion des Schizos tritt das Gemacht-''Werden'', das Geschrieben-''Werden'' in den Vordergrund. Mary Barnes schreibt über ihre Bilder: ''Meine Arbeiten schienen in meinem Innern zu entstehen. Aus sich selbst herauszuwachsen. Ohne mein Zutun. Und dann schienen sie mir etwas zurückzugeben.''[162] ''Das Bild scheint mich anzusehen. Habe ich es gemacht? Ja, es ist ein Ausdruck von mir, aus mir heraus. Sonderbar. Kraft, Ehrfurcht, von Gott, von mir.''[163]
Wird hier nicht die Phantasie als ''Einbildungs''-kraft, wie wir sie schon bei Schrebers ''Zeichnen'' gefunden haben, umgesetzt in ''Kunst''produkte? Nach Kant ist ''die Einbildungskraft (als produktives Erkenntnisvermögen) nämlich sehr mächtig in Schaffung gleichsam einer anderen Natur, aus dem Stoffe, den ihr die wirkliche gibt.''[164] Die Phantasie ist also nicht notwendig ''unproduktive'' Verausgabung, bloße Tagträumerei, sondern sie bildet etwas nach dem ''Geschauten'', nach den Bildern, die im Gedächtnis haften. Die Visionen des Mystikers werden nach eben diesem Prinzip geschaffen; Blake behauptet: In der Sphäre der Phantasie, ''in dieser ewigen Welt befinden sich die ewigen Realitäten von allem, was wir in diesem Spiegel der sinnlichen Natur gespiegelt sehen.''[165] Die Eingebung, die Inspiration umzusetzen, bedeutet nun, die Bilder, die im Kopf als Spiegel der sinnlichen, äußerlichen Dinge herumschwimmen, aus ihrem Schattendasein zu befreien, wieder zurückfließen zu lassen in einen Ausdruck des Selbst, der seine Form im ''künstlerischen Produkt'', im Bild, im Geschriebenem, im Tanz, im Schrei findet. Die ''Gestalt'' vollenden hieße dann, das Äußere wieder zurückfließen zu lassen in die ''ewige Welt'' der Phantasie, und vice versa; in diesem ständigen Austausch zwischen Innen und Außen, in diesem endlosen Prozeß des Werdens, Vergehens, Wiederentstehens wird die Bewegung zu Ruhe, wird die Unterscheidung zwischen Innenwelt und Außenwelt sinnlos, da alles ständig im Fluß ist. Der Fluß fließt immerzu, doch das Wasser bleibt immer das gleiche.

Als erstes ''Kunstwerk'' nach ihrer Regression zum Baby und ihrer ''Wiedergeburt'' modelliert Mary ihre eigene Scheiße, beschmiert ihren Körper und die Wände in Kingsley Hall mit Kot, wie um zu sagen: Das bin ich, alles was außen ist, kommt aus mir heraus, ich eigne es mir an. Später setzt sie ihre ''wilde'', ungebändigte Produktion mit Farbe fort. ''Ohne sich bei irgendeiner Art von Skizze aufzuhalten, ergriff Mary einen breiten Pinsel, tauchte ihn in einen der zahlreichen Eimer, die am

Boden standen, und fuhr damit über die Wand. Innerhalb weniger Minuten bedeckten kräftige und gleichzeitig feine Farbstriche eine Wandfläche, die mehrere Male so groß war wie Mary. Dann ergriff sie einen kleineren Pinsel und begann, die einzelnen Charaktere einzufügen. Kein einziges Mal blickte sie auf oder hielt beim Malen inne, manchmal lachte sie vor sich hin und sprach oder schrie die eine oder andere Figur an (oder auch umgekehrt — *denn sie spielte alle Rollen*), während die einzelnen Figuren ihren Platz im Bild einnahmen.''[166]

Mary beschreibt das Entstehen des Gemäldes ''Christi Versuchung'' so: ''Der Satan näherte sich. Schrecklich, der Satan. Lieber Gott, mach, daß er nicht näher kommt. Wie ist es? Ich schwanke. Nein. Laß ihn kommen, wie er will. Jetzt der Tempel, gold. Die Berge in allen Farben. Die Wüste. Nimm den Pinselstiel. Schnell, schnell. Christus ist silbern, gedämpft. Mehr orange und gelb. Ich bin wild nach der Kraft von Orange und dem reinen Licht von Gelb. Der Satan krallt und kratzt. Christus lächelt. Er ist ruhig. Es ist ein Bild. Es ist beendet... Farbe, Farbe. Sie scheint ineinander zu verschmelzen, entgegenzukommen, zu verblassen. Warm, kalt. Zorn, Furcht, Haß Liebe, das liegt alles in ihr, in der Farbe. Ausschütten von Macht. *Abglanz des Wesens in der Welt, durch die Augen der Seele...*''[167]

Die Produktion der Produktion, die Verausgabung ist sich selbst Zweck und Ziel; sie wird zum Ort der permanenten Wiedergeburt in allen Farben, Bildern, Dingen, Gefühlen. In dieser Phase des ''Aufstiegs'' notiert Mary einmal: ''Allmählich gelang es mir, für ganz kurze Augenblicke mit ES auszukommen, ein Zustand des ''Seins'', nicht des ''Handelns'' zu erreichen.''[168] Genau dann, wenn die Phantasie sich austobt, wenn das Subjekt im Prozeß des Machens und Gemachtwerdens verschwindet, entsteht eine Einheit von Subjekt und Objekt. In unserem Beispiel führt die äußere Unruhe, Bewegung, das Wechseln der Rollen zu einem Zustand des inneren ''Seins'', des Nicht-tuns — dem Schnittpunkt, wo der Verstand nicht in die Sphäre eingreift, die nicht seinen Gesetzen gehorcht: die Einbildungskraft wird dann produktiv, wenn sie ihre Bilder frei, ungehemmt entäußern darf. Die Regression des Schizos zum kindlichen Spiel und Erleben setzt ein Potential frei, das seit der Kindheit des Menschen verschüttet war. Artaud nennt es den Atavismus, ich begreife es als erneuerte Erlebnis- und Wahrnehmungsstruktur, im Wissen der archaischen Kulturen ist es lebendig geblieben.[169]

Beim ''chronischen'' Schizo geschieht die Produktion fast immer erst *auf Aufforderung*. Sämtliche Gedichte Alexanders und anderer chronischer Katatoniker, die jahrelang stumm oder stoisch erschienen, werden ''automatisch'' geschrieben. ''Navratil, sein Arzt und Mentor, stellt ihm Themen, und in einer Art automatischer Schreibweise, ohne langes Zögern und nachträgliches Ändern, entbindet Herbeck (das ist Alexander, d.V.) seinen Text in gestochenem Sütterlin.''[170] Entscheidend ist hier wieder der Punkt, den wir schon bei Maria Erlenberger und Mary Barnes freigelegt haben: der Schizo hat das Gefühl, *daß etwas mit ihm gemacht wird,* etwas, dem er ausgeliefert ist. Er fühlt sich oft unter Hypnose stehend, ferngelenkt: das ''Es'' bedroht ihn. Daher spricht ''er'' auch oft in der dritten Person von sich als ''die Person von mir''[171], denn ''er'' ist nicht ''ich'', sondern ''er'' steckt in der Hülle von ''Es''. Aber gerade weil das Ich in der festen Form nicht existiert, sich nicht profilieren muß, kann das ''Es'' die Worte weniger zwanghaft, mehr assoziativ finden; eine weitere Voraussetzung ist wiederum die innere Leere und Ruhe. ''Die Lust am Schreiben kann auch während des Schreibens erst eintreten. Eine Voraussetzung ist ein bestimmtes Ruhegefühl.''[172] „Und was sie schreiben, ist das als eine Mitteilung zu verstehen?'' ''Ja, a so, ja Mitteilung, es fällt mir halt ein, es fällt mir ein. Eigentlich will ich gar nichts Besonderes mitteilen, keinesfalls.''[173]

''Der Dichter
Ist langsam beginnend
schreibend
in seinen Zeilen verharrend
bis Ende kommend
das ist der Dichter

Zu näheren Reimen muß
er sich mühen
um die Romantik zu berechnen
die nahe ist

Er berührt eindeutig
das Gedicht in Gedichtform
und eigen sind die Reime
die umspielen sein Gedicht''[174]

In diesem Gedicht, das den Produktionsfluß des ''normalen'' Dichters aus der Sichtweise des Schizos einfängt, ist das Dilemma des Künstlers, der mit dem *Willen* etwas ''Eigentliches'' schaffen will, angesprochen. Er muß nämlich ''die Romantik berechnen'', d.h. seine Worte nach einem bestimmten ästhetischen oder persönlichen Strukturprinzip wählen. Anders der Schizo in der Anstalt: er hat garnicht den Drang, Kunst zu produzieren, er läßt einfach ''Es'' in Gestalt von Reimen oder Lauten heraus. ''Der Dichter will die Lyrik nicht — umsonst der Mut und das Geschick.''[175] Alexander schreibt ein paar Zeilen, er hört auf, wenn ''Es'' ihm nicht mehr kommt; gerade weil er nicht unter dem Zwang steht, etwas Originelles produzieren zu müssen, gelingen ihm manchmal Gedichte, mit denen ich etwas anfangen kann; was ich nicht zu meiner Erfahrung in Bezug setzen kann, werte ich nicht ab, sondern lasse es stehen. Vielleicht kann ich irgendwann damit ''Rhizom machen'', wie Deleuze/Guattari es nennen. Ein Gedicht von Alexander, ''ein Buch muß mit etwas anderem ''Maschine machen'', es muß ein kleines Werkzeug für ein Außen sein.''[176]

Das *''Automatische Schreiben''* finden wir bei den Surrealisten ebenso wieder wie bei manchen Visionären. Swedenborg, den Jaspers für schizophren hält, weil er visionären Kontakt mit der ''Geisterwelt'' zu haben glaubte[177], behauptete, seine späten Schriften, die neuartige Bibelauslegungen und kosmologische Theorien enthalten, seien ihm *eingegeben* worden. ''Weder habe ich ganze Seiten geschrieben noch diktierten mir die Geister die Worte. Stattdessen führten sie meine Hand so vollständig, daß man sagen kann, daß sie geschrieben haben.'' Er nahm aber nicht jede Eingebung, jede Inspiration als wahr an, sondern nur dann, wenn ihm in einer Art Erleuchtung ein Licht erschien. Er behauptete, ''daß, wenn Menschen des Wissens, die die Befähigung zur Synthese besitzen, nach langem Grübeln die Wahrheit entdecken, ein gewisses beifallspendendes Licht erscheint, eine freudig bestätigende Helle, die um den Bereich ihres Geistes spielt; eine Art geheimnisvolle Ausstrahlung — von der ich nicht weiß, woher sie kommt — die durch einen geheimen Tempel des Gehirns leuchtet.''[178]
Ob diese Aussage wahr ist oder nicht, lasse ich auf sich beruhen, bis auch mir ''ein Licht aufgegangen ist.'' Jedenfalls hat Swedenborg im 18. Jahrhundert einige kosmologische Theorien vorweggenommen, die von der Wissenschaft erst viel später bestätigt worden sind[179]. Swedenborg soll hier nur als weiteres Beispiel dafür dienen, wie schwer es ist, die Grenze zwischen Mystik und Schizophrenie zu ziehen: auch in der

Art und Weise des Erkennens ähneln sie sich: Eingebung, automatisches Schreiben, ''es'' wird mit mir gemacht, mit dem Strom des Bewußtseins fließen: in all diesen Ausdrücken sehe ich eine wiederkehrende Struktur. In dem Maße, wie das Erkenntnisvermögen mit der Einbildungskraft (im Kantschen oder Schreberschen Sinne) zusammenklingt, beide dem gleichen Rhythmus folgen, nähern sie sich einer Einheit, die in Visionen oder schizophrenen ''Kunst''produkten ihren Niederschlag findet. Nur wird der Ausdruck ''Kunst'' hier widersinnig, denn wenn diese Einheit tatsächlich für Augenblicke oder auch eine längere Zeit erreicht wird, geht die Kunst ins Leben über. Alles ist ständiges Werden, jederzeit im Fluß: die Produktion, der Weg ist alles; doch dieser endlose Maschinenlärm, das Chaos der Produktions- oder Wunschmaschinen erzeugt dann gerade die innere Ruhe. Wer einmal im totalen Verkehrschaos von Istanbul die Gelassenheit, die entspannte Aufmerksamkeit des Orientalen erlebt hat, der zwischen stinkenden Auspuffrohren in Ruhe seinen Tee schlürft, der weiß, daß dies keine Metapher ist.

Das ewige Schreiben, das endlose Gemurmel der Sprache oder: durch die ,,Dinge'' das Unendliche sehen

''Das ewige schreiben
Die Erde der Vulkan und das sum-
men der Bienen sind das ewige Schreiben
auch der Zugvögel. Das vibrieren der
Ameisen''[180]

Alexander bezeichnet die gesamte Aktivität der Natur als ewiges Schreiben; Foucault spricht von dem unendlichen Schreiben, dem unendlichen Sprechen des Menschen, das den Tod aufhalten soll[181]. Die Bienen, die Ameisen haben kein Bewußtsein von ihrem nahenden Tod, deshalb wird ihnen das Summen, das Vibrieren nicht zum Problem, denn sie sind eins mit der gesamten Natur. Das Summen der Bienen wird niemals aufhören, auch wenn alle Bienen, die zur Zeit summen, als Einzelwesen verschwunden sind; neue Generationen werden das Summen im gleichen Rhytmus fortsetzen, ein endloser Prozeß. Weil das Tier kein Bewußtsein von seiner Tätigkeit besitzt, kann es sich nicht als Getrenntes, Abgesondertes von der Natur als Ganzem fühlen. Das Summen bedeutet sich selbst.

Ähnliches gilt für die schizophrene Sprache, die Foucault das ''abwesende Werk'' nennt, denn der Wahnsinn ist zu einem Nicht-Sprechen geworden, ''ein Sprechen, das nur in diesem Wort besteht, ein Wort, das nur seine Sprache sagt... Die Literatur (und dies bestimmt seit Mallarmé) ist langsam dabei, auch zu einem Sprechen zu werden, dessen Wort zu gleicher Zeit sich selbst aussagt und in der gleichen Bewegung die Sprache, die es als Wort dechiffrierbar werden läßt.''[182] Daher rührt auch die Ähnlichkeit zwischen konkreter Poesie und Alexander-Gedichten. Foucault gesteht diesem Ort, ''an dem das Sprechen sich der Literatur nähert'', ein ''Sein'' zu. Mit diesem Sein meint er wohl eine Gegenwärtigkeit, eine Unmittelbarkeit, eine Einheit von Sprechendem und Gesprochenem. An dem neutralen Ort, wo das ''ständige Rieseln des Sprechens'' angesiedelt ist, verschwindet das Subjekt. ''Jetzt weiß man, daß das Sein des Sprechens die sichtbare Auslöschung des Sprechenden ist.''[183] An die Stelle des Subjekts tritt der Rütmus, der Gleichklang zwischen Einzelnem und Ganzem.

Der Schizo hört das ''unendliche Rieseln der Sprache'' meistens als Stimmen, Gehörshalluzinationen, die ununterbrochen auf ihn einreden. Schreber wird von den Stimmen mit ''auswendig gelernten Phrasen'', mit ''eingepfropften Redensarten'' belästigt[184]. Interessant ist, daß dieses ständige Ableiern der Stimmen — um ihn zu ärgern — in einem Rhythmus erfolgt, der dem ,,natürlichen Tonfall'' möglichst entgegengesetzt ist. Was ist nun nach Schreber der natürliche Tonfall? ,,Die Schwingungen der menschlichen Nerven erfolgen nach einem gewissen regelmäßigen Tonfall, den ich am besten mit dem oben gebrauchten Ausdruck ''Versmaß'' bezeichnen zu können glaube.''[185]

Ein ähnlicher natürlicher Rhythmus scheint der *Privatsprache,* der Glossolalie (Zungenrede) des Schizos zugrunde zu liegen. Renée spricht von ''Worten, die ganz von selbst kamen.''[186] Ich ''jammerte dann in meiner ''Sprache'' d.h. mit unverständlichen Worten, von denen einige immer wiederkehrten, wie ''ichtiou'', ''gao'', ''ivitare'', ''gibastou'', ''Ovède''. Ich versuchte in keiner Weise, sie zu erfinden, sie kamen ganz von allein und sollten überhaupt nichts bedeuten. *Es war nur der Klang, der Rhythmus, der einen Sinn ergab.* In Wahrheit beklagte ich mich durch solche Worte, drückte damit den tiefen Schmerz und die unendliche Trauer aus, die mein Herz erfüllten. Ich bediente mich nicht der üblichen Wörter, denn mein Schmerz und meine Verzweiflung hatten keinen wirklichen Gegenstand... ich war über die Sprache, über das Denken hinausgefallen.''[187] Sollte es eine Lautsprache, eine direkte Ausdrucksform für die Gefühle geben? Ich kann diese Frage nicht beantworten, kann nur Parallelen angeben: den Dadaismus, die religiös-ekstatische ,,Pfingstgemeinde''[187a], die Zauberformeln der Magie.

Neben der reinen Lautsprache werden oft neue Wörter, im Fachjargon ,,Neoglossien'', vom Schizo gewählt. Über den Entstehungsprozeß solcher Neubildungen ist sich die Wissenschaft im unklaren; meistens wird mit den aus der psychoanalytischen Traumdeutung entlehnten Begriffen ''Verschiebung'' und ''Verdichtung'' gearbeitet;[188] meiner Ansicht nach wird dabei jedoch von der Psychiatrie die gewöhnliche Bedeutung eines Wortes als ''natürlich'', die ''Abweichung'' des ungewöhnlichen Gebrauchs beim Schizo dagegen als ''krankhaft'' vorausgesetzt. Vielleicht läßt sich auch hier die Blickrichtung ändern. Vielleicht muten dem ''Patienten'' die Fragen, die Aufgaben des Psychiaters eher ''ungewöhnlich'', ''absonderlich'' an, so daß in der Antwort eine gewisse *Ironie* erscheint, von der man nicht weiß, ist sie nun Absicht oder nicht. Musil beschreibt *den* Prozeß der Neubildung von Wörtern und Zusammenhängen von der Seite des Schizos: ''Da sagen hier die Leute zu einem Eichhörnchen Eichkatzl'', fiel ihm ein; ''aber es sollte bloß einmal einer versuchen, mit dem richtigen Ernst auf der Zunge und im Gesicht ,Die Eichkatze' zu sagen! Alle würden aufschauen, wie wenn mitten im furzenden Plänklerfeuer eines Manöverangriffs ein scharfer Schuß fällt! In Hessen sagen sie dagegen Baumfuchs. Ein weitgewanderter Mensch weiß so etwas.'' Und da taten die Psychiater wunder wie neugierig, wenn sie Moosbrugger das gemalte Bild eines Eichhörnchens zeigten, und er darauf antwortete: ''Das ist halt ein Fuchs oder vielleicht ist es ein Hase; es kann auch eine Katz sein oder so.''... Und wenn ein Eichkatzl keine Katze ist und kein Fuchs und statt eines Horns Zähne hat wie der Hase, den der Fuchs frißt, so braucht man die Sache nicht so genau zu nehmen, aber sie ist in irgend einer Weise aus alledem zusammengenäht und läuft über die Bäume. Nach Moosbruggers Erfahrung und Überzeugung konnte man kein Ding für sich herausgreifen, weil eins am anderen hing''... ''manchmal brach ihm ein Wort im Munde auf, und welche Revolution und welcher *Traum der Dinge* quoll dann aus so einem erkalteten, ausgeglühten Doppelwort wie Eichkätzchen oder Rosenlippe!''[189]. Und wie schnell verschwindet der ''Traum der Dinge'' hinter einem Wort wie ''Neoglossie''!

Alexander sagt: ''Die Sprache ist die Notwendigkeit der Menschen und wird zu Papier gebracht. Ist die Sprache vollständig so setzt man einen Punkt hin wie bei der österreichischen.''[190] In der ''Ausführlichen Beschimpfung der hiesigen Anstalt'' kritisiert er die Ärzte und Pfleger, ''die die deutsche Sprache nicht beherrschen in einfacher Notwendigkeit bemüßigen dies armen Teufel mit Begleitung von Sprechern im Radar in einfacher und schwerster Art. Führer ich mag dinimmer den du bis mir viel zu deppart. Bei deinen Reden spülst du dich mit der Nudel...''[191]

Der ''unangemessene'' Vergleich, eine Art Montagetechnik, die Verbindung von scheinbar nicht zueinander gehörenden Teilen, Ansichten der Welt ist sein Prinzip. Denn die formalisierte öffentliche Sprache der Psychiatrie, der Bürokratie ist für ihn die Sprache der ''Führer'', die ihn mit dieser einzig erlaubten Ausdrucksform beeinflussen, beherrschen, kontrollieren, fernlenken wollen. Beim Schizo bricht eine Sprache durch, die nicht zweckgebunden ist, sondern frei flottierend assoziiert. Die Wörter springen wie Affen von Baum zu Baum. Die formale Sprache, die mit einer verkümmerten Körpersprache einhergeht[192], wird in der Schule gelernt; dort wird einem beigebracht, was ''richtiges'' und was ''falsches'' Sprechen sein soll. ''Sprachlosigkeit kommt vom vielen studieren in der Schule''.[193] Wer diese starre Einteilung nicht akzeptiert, nicht aushält, der muß schweigen, sprachlos werden. Nur in der Kunst (im Surrealismus, Dadaismus, bei Joyce und Dali etc.) oder in der Geheimsprache der Liebenden, der Verbrecher (im ''argot''), im Stammeln der Ekstatiker, im Drogenrausch, in einem abgetrennten Bereich: ''Privat- oder Kunstphäre'' ist es erlaubt, seine Gefühle direkt zu artikulieren, sich von den Lauten, den Klängen in Schwingung versetzen zu lassen. Erst wenn der Schizo zum ''Künstler'' avanciert ist, wird der Traum der Dinge gesellschaftlich geduldet, sogar als ''schöpferisch'' deklariert; solange der Schizo entmündigt in der Anstalt eingesperrt sitzt, wird ihm der Mund mit Tabletten vollgestopft, bevor er nur ein Wort herausschreien, flüstern, sprechen kann.

''Die Poesie
Die Poesie ist eine mündliche Form der Prägung der Geschichte in Zeitlupe. Die Poesie ist eine Dichtung. Der Lehrer hat uns in der Schule gelehrt, daß Poesie eine Dichtung ist. Die Poesie ist auch eine Abneigung zur Wirklichkeit die schwerer ist als diese. Die Poesie ist eine Übertragung der Obrigkeit zum Schüler. Der Schüler lernt die Poesie und das ist die Geschichte im Buche. Die Poesie lernt man vom Tiere aus, das sich im Wald befindet. Berühmte Geschichteschreiber sind die Gazellen.''[194]

Erscheinen in diesem Gedicht nicht zwei unterschiedliche Formen von Poesie? Die eine ist die offizielle, in der Schule zugelassene poetische Ausdrucksform, die vom Lehrer als ''Kunst'' bezeichnet wird. Jedoch die Trennung der Bereiche Kunst und Leben bedeutet eine ''Abneigung zur Wirklichkeit'' der Poesie. Der Schüler übernimmt nur den Kanon der gesellschaftlich anerkannten ''ästhetischen Werte'' und lernt ihn auswendig wie jede andere ''Geschichte''. Solange das Wissen im Buch zu einer erstarrten Form gerinnt, gibt es keine Möglichkeit der direkten, spontanen ''künstlerischen'' Produktion, keine Einheit zwischen Gefühl und Sprache. Das Tier dagegen lebt diese Einheit, es *ist* Poesie, nur hat es keinen Begriff von sich selbst. Der Schizo dagegen ''sieht'' das ewige Schreiben der Natur, den endlos sich fortsetzenden Schöpfungsprozeß: die Gazelle lebt immer im Augenblick, denn sie weiß nichts von der Vergangenheit oder der Zukunft; die gesamte Natur ist reine Poesie. Der Schüler dagegen käut nur das wider, was der Lehrer aufgewärmt hat; beide leben — zumindest in der Öffentlichkeit nur im vergangenen oder im zukünftigen Augenblick. ''Stets muß die Gegenwart erst konstruiert werden. Das ist die einheitliche Raum-Zeit der Liebe, der Poesie, der Lust und der Kommunikation... Es ist das Erlebte ohne tote Zeiten. Andererseits dringt die lineare Zeit, die objektive Zeit, die Zeit der Vergänglichkeit ihrerseits in den dem täglichen Leben zugeteilten Raum ein. Sie dringt als negative Zeit ein, als tote Zeit, als Abglanz der Zeit der Zerstörung. Sie ist die Zeit der *Rolle*.''[195] Die Persona feiert ihre Auferstehung in einer Kunst, die als abgetrennter Bereich Narrenfreiheit genießt, die nicht in den Alltag zurückfließt. Aber ebenso wie die reine Innerlichkeit der ''schönen'' Künste verabsolutiert die „reine Äußerlichkeit'' der ''realistischen'' Widerspiegelung *eine* Seite der Polarität von Innen und Außen. Denn die Verdoppelung der ''äußeren'' Welt hinkt sogar der Wirklichkeit noch hinterher: der Fetisch, dessen Verzauberung in dem Handeln der Menschen, in der Alltagskommunikation noch punktuell durchbrochen werden kann, erstarrt in der stereotypen Rolle des "positiven" Helden vollends zur Charaktermaske; der Schizo dagegen wechselt die Identitäten wie andere ihr frisches Hemd; ebenso spielt er mit den Wörtern oder die Wörter, von ihrer Bedeutung losgelöst wie die "Dinge", spielen mit ihm. "Nicht in seinem Sinn, nicht in seiner verbalen Substanz, sondern in seinem Spiel ist ein solches Wort übertretend."[196]

Der Schizo behandelt die "Dinge", die Tiere, die Wörter nicht als totes angeeignetes Material, das er nur noch in einer entsprechenden Ordnung zur Raison bringen muß. Die Tiere werden nicht als Haustiere gezähmt oder als Wachhunde gedrillt; sie bekommen oft menschliche Züge, in denen der Alltag des Maschinenmenschen in oft liebevoller, leicht ironischer Form wieder auftaucht.

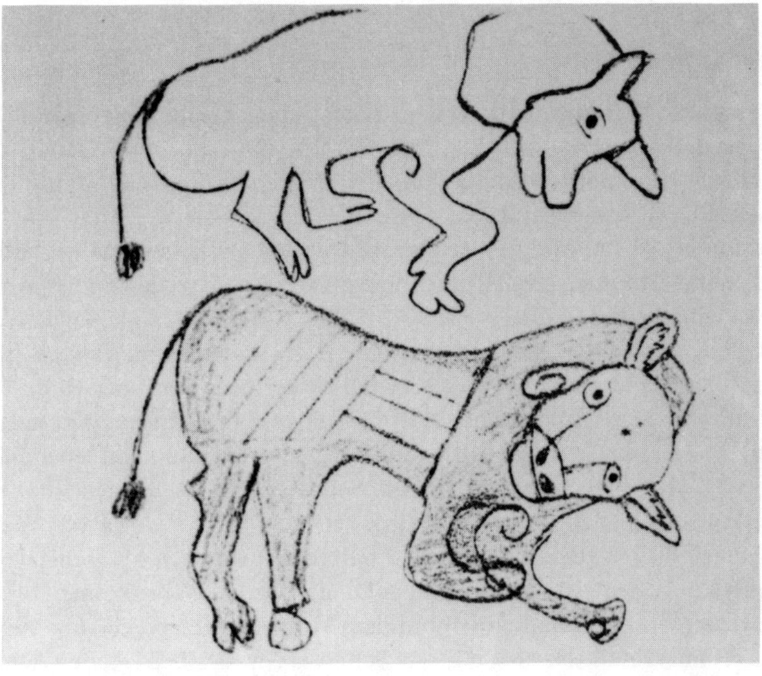

"Die Maus
Die Maus ist klein u. rattig
meistens im Keller versetzt
manchmal gehen Zuschauer vorbei
und fordern daß man sieht
und benetzt.
Die Maus muß um 6^h aufstehen
später um 1/2 7 stehen erst die Ratten auf
Die Maus ist viel schöner wie die Ratten
obwohl die Ratten langlebiger sind
Jede Maus sucht sich ein Obgewahl
die etwas flattrig ist.
Flattrige Mäuse halten länger
und bekommen meistens ihr Essen
am Abend ist es besonders reich
So und dann denkt die Maus
ans erweitern und bekommt später
ein Mausbaby dazu
Das das Ende"[197]

In einer kindlichen Naivität erzählt Alois Schnedel eine Geschichte: das Leben der Maus; es fehlt jegliches Pathos; die Liebe zum Detail, die Ehrfurcht vor den scheinbar banalen Dingen spricht aus dem Text. Auch die Art des Vortrags ist eher eine zurückhaltende (genau wie bei Alexander). "Schnedel liest seine Schriften mit etwas heiserer, verhaltener, tiefer Stimme, schnell und unexpressiv, im Tonfall und mit der Trockenheit eines Sportreporters."[198] Die Dinge werden nie nur von einer Seite betrachtet, sondern meistens in irgendeine Polarität gesetzt: der "unangemessene" Vergleich zwischen der Maus und der Ratte hat bei mir zur Schärfung meiner Beobachtung geführt. Ist nicht in jedem Ding auch sein Gegenteil enthalten, birgt der Spiegel nicht unendlich viele Projektionen? In den Texten sind meistens auch kleine Rätsel, Wortspiele, die nicht sofort auffallen, versteckt. Es hat eine ganze Weile gedauert, bis ich gemerkt habe, daß mit den "Flattrigen Mäusen" wohl Fledermäuse gemeint sind. In jedem Ding, in jedem Wort können beliebig viele Aspekte enthalten sein; in dem Moment der Entdeckung dieses Rätsels am Detail setzt bei mir das Schmunzeln, das befreiende Lachen ein; wenn ich die versteckte Ironie, die Doppeldeutigkeit durchschaue, spüre ich plötzlich, warum Bataille das Lachen als Medium der Übertretung bezeichnet hat. Auch Don Juan ist beileibe kein dogmatischer Lehrer des esoterischen Wissens, sondern gerade sein Humor, sein Lachen trägt zum großen Teil dazu bei, den rationalen Anthropologen Castaneda so zu verunsichern, daß er auf den Weg des ''Sehens'' gestoßen wird.

''rai da kanka da kum
a kum da na kum vönoh
Wenn man voraussetzt, daß diese Welt hier nicht das Gegenteil der anderen ist und schon gar nicht die Hälfte von ihr,
ist diese Welt auch eine richtige Maschinerie, bei der ich am Schalthebel sitze, sie ist eigentlich eine Fabrik, und ihr Schlüssel ist der geborene Humor.
sana tafan tana
tana tamafts bai''[199]

In den Gedichten des Schizos schwingt für mich oft ein Stück Ironie, eine Form des versteckten Humors, mit. Gerade wenn die Dinge ganz einfach, banal, scheinbar naiv beschrieben werden, weist dieser Unterton auf das Transzendente, das vor, in oder hinter den Dingen liegt, sich aber sprachlich nicht direkt fassen läßt. Vielleicht ist diese Ironie eine (bewußte oder unbewußte) Pforte zwischen dem Banalen, Profanen und dem Heiligen, Ganzen, das in den Zwischenräumen, Nuancen des Alltäglichen durch jede Erscheinung hindurch schimmert.
Artaud bewundert an Van Gogh, daß er es verstand, ''den Mythos aus den ganz alltäglichen Dingen des Lebens abzuleiten.''[200] ''Eines Tages packte es ihn und er entschloß sich, das Motiv nicht zu übertreffen, wenn man jedoch Van Gogh gesehen hat, kann man nicht mehr glauben, daß es etwas Unübertreffbareres gäbe als das Motiv.''[201] Er meinte, daß es möglich sei, durch die Dinge das Unendliche zu sehen, daß solch ein Zustand des ''Sehens'' bei den archaischen Völkern noch immer existiere, daß er ihn an sich selber erfahren habe als er in Mexiko Peyotl schluckte. Als Artaud 1936 zu den Tarahumaras, einem Indianerstamm in Mexiko fährt, um an deren Peyotl-Ritus teilzunehmen, erzählt ihm ein Indianer, was er von Ciguri, dem Gott des Peyotl über die ''Dinge'' erfahren hat: ''Die Dinge sind nicht so wie wir sie sehen und wie wir sie meistens empfinden, sondern so, wie Ciguri sie uns lehrt. Das Böse, der Böse Geist hat sie schon lange gepackt, und ohne Ciguri kann der Mensch nicht zur Wahrheit zurückkehren. Am Anfang waren sie wahr, aber je älter wir werden, desto falscher werden sie, weil das Böse

sich immer mehr in ihnen festsetzt. Die Welt war am Anfang ganz und gar wirklich, sie hallte im menschlichen Herzen wider und mit ihm zusammen. Jetzt ist das Herz nicht mehr dabei, und die Seele auch nicht, weil Gott sich daraus zurückgezogen hat. *Die Dinge sehen bedeutete, das Unendliche sehen* ... Aber das Böse ist in allen Dingen, und ich, ein Mensch, ich kann mich nicht mehr rein fühlen.''[202] Ich meine, mit dem ''Bösen'' ist hier die schon beschriebene Distanz, der immer dichter werdende Panzer der Abstraktionen, bezeichnet, den die irre Ratio zwischen sich und den ''Dingen'' im Laufe der ''Bewußt''werdung aufgeschichtet hat.

Wir haben uns schon den Dingen genähert mit dem vorläufigen Ergebnis, daß ''die Dinge sehen'' wohl umschrieben werden müsse mit den Worten wie 'das Da — Sein der ''Dinge'' erscheint nur, wenn sich der Betrachtende von der Bedeutung löst, die ihm Sprache, Logos und Tabu diktieren; seine persönlichen Projektionen müssen den Blick freigeben'; eine andere Umschreibung war das ‚Nicht-tun', das Nichteingreifen des

Verstandes. Diese Worte kreisen aber nur wie Satelliten um das "Unaussprechliche" der Erfahrung, können sie nie genau treffen.
Es existiert jedoch in Japan und China eine Kunstform, die den Zen-Buddhismus im Bild, im Gedicht zu fassen sucht; deren Motive sind fast ausschließlich Landschaften, Naturereignisse: der Mensch erscheint nur am Rande als Teil des natürlichen Kosmos. "Berge und Wälder, Fels und Wasser, Blüten, Tier und Mensch sind in ihrem Dasein erschlossen, in die konkrete Situation des Hier und Jetzt eingetaucht. Daher der Charakter des Schwebens und Verschwebens, der das Bestimmte ins Unbestimmte, das Gestaltete in die Gestaltlosigkeit zurückzunehmen scheint und so Ursprung und Herkunft andeutungshaft sichtbar macht... In der chinesischen und japanischen Malerei (wird) nicht von außen her in ein Anderes hineingeschaut, sondern es wird das Dargestellte und jede Einzelheit so von innen her gesehen, daß der Schauende darin sein und leben muß, um ihm gerecht zu werden."[203] Doch das Erlebnis des Raumes in einem Zen-Bild, das zugleich leer, ewig, ruhend und doch lebendig, alltäglich, gestaltend wirkt, das einen förmlich aufsaugt und in die Leere wirft, kann ich hier nicht näher beschreiben; man muß es sich selbst anschauen. Es geht jedenfalls um die Polarität von Ruhe und Bewegung, von All-Tag und Kosmos.

In den japanischen Haikus, Dreizeilern, die praktisch nicht adäquat übersetzt werden können, da eine Einheit von Lautbild, Schriftbild und Dargestelltem angestrebt wird, versucht der Zen-Buddhist, dieses eben beschriebene Gefühl der Polarität einzufangen. Ein Beispiel in wörtlicher, aber den Rhythmus der japanischen Sprache natürlich zerstörender Übersetzung:

"Alter Teich!
Frosch springt!
Wassergeräusch!

Das ist alles. Und doch: ist nicht darin das Weltall enthalten? In unbewegter Ruhe plötzlich Bewegung. Leben, das sich lärmend ausbreitet, um wieder zu verschwinden. Was ist all dieser Lärm angesichts der Ruhe, des Schweigens, das Anfang und Ende ist?"[204]
Huxley hat im Meskalinrausch gespürt, was der Zen-Buddhist zwischen die Zeilen gelegt hat: Metaphysik der Schatten, der Zwischenräume? "Ich blickte auf die Blätter und entdeckte ein wellenförmiges kompli-

ziertes Muster der zartesten grünen Lichter und Schatten, das von unenträtselbarem Geheimnis pulsierte.

Rosen
Die Blüten sind leicht zu malen
die Blätter schwierig.

Das haiku des Shiki drückt mittelbar genau das aus, was ich empfand — die übermäßige, die allzu unverkennbare Herrlichkeit der Blüten im Gegensatz zu dem subtileren Wunder des Blattwerks.''[205]

Zum Vergleich Alexanders Gedicht:

''Die Seerose
Die Seerose blüht am See.
Sie ist weiss wie Schnee.
Die Rose ist ein Spiel mit dem
Wasser''[206]

Wer die haikus für banal hält, fällt natürlich das gleiche Urteil über dieses Gedicht; die Beobachtung Alexanders *muß* nicht identisch sein mit der eines ''erleuchteten'' Zen-Buddhisten; ich spüre aber gerade bei den Naturbeschreibungen ein zartes, liebevolles Gefühl, das der Schizo (nicht immer ohne Pathos) den ''Dingen'' abgewinnt. Er läßt die Rose mit dem Wasser spielen, ohne sich als Beobachter, als Subjekt darüber hinwegzusetzen. Indem er die Dinge in ihrem So-sein beläßt, hebt er für einen Moment die Trennung, die Gespaltenheit zwischen ''Ich'' und ''Welt'' auf.

Wenn ihm dies gelingt, steigt auch sein Selbstbewußtsein; im übernächsten Gedicht behauptet er von seiner Person:

,,Alexander ist ein Prophet des Mittelalters.
der es ermöglicht Gottes Vers
zu ebnen. -''[207]

Vielleicht meint er hier, daß es ihm manchmal gelingt, das Heilige auf das Profane, Alltägliche, auf die Natur zu projizieren, es aus der Klammer des Dogmas zu reißen, das seit dem Mittelalter die Bilder, die in dieser Sphäre erlaubt sind, verordnet.[208] *Das Alltägliche ist der Mythos;* nur muß der Blick klar sein, müssen die Projektionen ,,durchschaut'' werden, der Spiegel leer werden, um die ''Dinge'' in ihrer ursprünglichen Gestalt zu ''sehen'', bevor der ''Böse Geist'' die Wahr-nehmung gefiltert hat.

Alexander spürt aber auch genau, wie leicht seine originellen Wortspiele als ''Kunst'' vermarktet werden können, wenn sie als Selbstzweck, als l'art pour l'art genommen werden. Gerade das sind sie nämlich nicht, sondern mit der Form des schizophrenen Erlebens hört die Kunst als abgetrennte Sphäre auf zu existieren. ''Das Letzte ist der Anfang der Dichter'',[209] d.h. an diesem Endpunkt, mit dem Verschwinden des Subjekts, beginnt die Poesie wieder lebendig zu werden. ''Wir alle empfinden, was Poesie ist. Sie ist unser Grund, aber wir können nicht von ihr sprechen... Die Poesie führt zu demselben Punkt, zu dem jede Form der Erotik führt — zur Ununterscheidbarkeit, zur Verschmelzung der unterschiedlichen Gegenstände.''[210]
Beim Schizo führt sie zur Verschmelzung von betrachtendem ''Subjekt'' und betrachtetem ''Objekt''; manchmal passiert diese Verschmelzung sogar *innerhalb* eines ''neuen'' Wortes, wie z.B. ''Nebelkuh''.

''Die Nebelkuh!
Die Nebelkuh, sagte man damals im
Altertum, zu den nahmhaften Ged-
ichten, die so damals gedichtet haben
wurden. Sehr früh zu damals gedichtet
vom Dichter Alexander, Robert-Roger.
Nebelkuh war gänzlicher Verkauf
und das Ende des Gedichtes. Wie heute.
Nebelkuh wurde intim in Musik-
noten gesamt aufnotiert zur Musik
gemacht und durch Sprecher verewigt.''[211]

Die Warenästhetik verkauft die ''Originalität'' in technisch reproduzierbarer Form — durch Schallplatte, Fernsehen und Radio — als billiges und jederzeit abrufbares Vergnügen an den konsumgierigen Wohlstandsbürger; er muß alles ''mitnehmen'', der Konsum als reiner ''Sinn des Habens'', beherrscht alle anderen Sinne. Die Kreativität des Bürgers erschöpft sich in der passiven Rezeption der ewig vorbeirauschenden Bilderflut der Reklame, so daß er gar nicht mehr in der Lage sein kann, in der ''Frei'' (?)-Zeit zweckfrei zu produzieren, außer in der kanalisierten, gezähmten Form des Hobbys.
''Es werden die Künstler wie Semmeln gebacken. Preis 6 gr. Alexander. Bäcker. ENDE.—.—.—''[212] Daher verwundert es mich nicht, wenn Rimbaud im Alter von zwanzig Jahren aufgehört hat zu schreiben, ebenso wie der Katatoniker nur noch schweigt. Gerade weil er *zu viel* zu

sagen hätte, weil er *zu scharf* wahr-nimmt und weil er weiß, in welche Kanäle seine Produktivität fließen würde: entweder wird er ausgeschlossen, eingesperrt, weil er ver - rückt ist, oder er wird vermarktet, wenn seine Gefühle für ''echt'' befunden werden; wenn seiner Ver-rücktheit das Siegel der Ent - rüktheit verliehen worden ist.

Das Chaos als Basis der Ordnung; erste Tauchversuche im tiefen Wahnsinnsmeer

''Nicht-Sehen eines Dings, das ist Haften am Sehen,
Treibende Wolken verhüllen den Glanz der Sonne.
Nicht-Wissen eines Dings, das ist Haften am Wissen,
Ein Blitzschlag durchdringt die Leere des Raums.
Plötzlich entsteht, was du weißt und siehst,
Denn alles Denken ist unverständlich.
Erkenne im Denken, daß dein Denken falsch ist,
Dann erst erstrahlt dir das innere Licht.''[213]

Versuchen wir nun, die Gestalt zu vollenden: wir haben mit einem Zitat von Maria Erlenberger über den ''tiefen Wahnsinnssee'' die Reise durch die Welt der Schizos begonnen. Versuchen wir nun in einer letzten Anstrengung ein wenig in dieses ewige Wasser einzutauchen, indem wir die Gedankenströme der vergangenen Kapitel auf das Kreisen unseres entstehenden Residualsubjekts projizieren.
Wir haben erfahren, daß der Ort, an dem das Ich des Schizos zerfällt *gleichzeitig* der Ort ist, an dem das Kreisen des Residualsubjekts einsetzt. *''Das Ich ist einem Kreis vergleichbar, der keinen Umfang hat; es ist somit ''sunyata'', Leere.* Es ist der Mittelpunkt eines solchen Kreises'' (hier siedeln Deleuze/Guattari die Wunschmaschinen an), ''befindet sich aber auch an jeder Stelle des Kreises.'' (das Kreisen des Residualsubjekts) ''Das Ich ist der Punkt absoluter Subjektivität, der das Gefühl der Unbeweglichkeit oder Ruhe vermitteln kann. Aber da sich dieser Punkt überall hin, an beliebig viele Stellen verschieben läßt, ist er in Wahrheit kein Punkt. Der Punkt ist der Kreis, und der Kreis ist der Punkt.''[214]
Um das Denken, das Wahr-nehmen, das Erleben des Schizos zu erfassen, müssen wir von der sicheren Warte unserer Logik hinabsteigen in das Reich der Polaritäten, der einander sich ergänzenden Gegensätze, der Paradoxie. Denn das dualistische Denken des Westens kann nur in den Kategorien ''entweder — oder'' denken; die Trennung von Subjekt und Objekt ist Voraussetzung des westlichen Logos, es ist höchstens eine nachträgliche Aufhebung in einem Dritten, der Synthesis der Dialektik gestattet. Der ''homo dialecticus'' kann keine ursprüngliche Einheit

zwischen Innen und Außen, Gut und Böse, Schmerz und Lust, Bewegung und Ruhe, Nichts und Kosmos denken, weil er die entsprechende Erfahrung nicht kennt, also auch keine Vorstellung davon besitzt. Die Vorstellung, die Einbildungskraft wurde ins Reich der Phantasie verbannt, die ja ''nur'' im Kopf, in den verdrängten Wünschen, im Traum, im Märchen oder im Hirngespinst auftauchen konnte. Wir haben aber

erfahren, daß gerade diese ausschließende Trennung zwischen den Ebenen Traum und Realität mit dem Auftreten des Doppelgängers in Frage gestellt wurde: die Grenze begann sich zu verflüssigen, durchlässig zu werden. Denn der Traum ist nicht nur Spiegel der *persönlichen* Verdrängungen, sondern ebenso Spiegel des *kollektiven* Unbewußten, des Es; wer ist der Träumer, und wer ist der Geträumte? Wer ist ''normal'', und wer ist ''krank''? Wir haben auch gesehen, daß sich im schizophrenen Auflösungsprozeß das Raum- und das Zeitempfinden radikal verändern. In dem Moment, wo eine innere Ruhe eintritt, das Nicht-tun zum Schweigen, zur Leere (sunyata) gerinnt, wird die Zeit verlangsamt und der Raum dehnt sich unendlich aus! Wenn nicht mehr in den Kategorien ''Vergangenheit und Zukunft'' gedacht oder erlebt wird, entsteht ein Augenblick reiner Gegenwärtigkeit: *die Welt wird angehalten,* sagt Don Juan; es entsteht ein Riß in der Blase der Wahrnehmung, die Projektionen unserer Vernunft fallen in sich zusammen.
Das *Schweigen,* das die innere Leere ausfüllt, ''steht nicht im Gegensatz zum ''Wort'', es ist das Wort selbst. Es ist die *,,donnernde Stille''* und nicht das, was in die Tiefen des Nichtseins versinkt oder in die ewige Gleichgültigkeit des Todes aufgenommen wird. *Das Schweigen des Ostens ähnelt dem Zentrum eines Hurrikans;* es ist der Mittelpunkt eines heulenden Sturmes, ohne den keine Bewegung möglich ist''.[215] Das Schweigen, das die Verlangsamung der Zeit (die übrigens auch von vielen Drogen bewirkt wird) bis zu ihrem Stillstand begleitet, wird z.B. von Castaneda ganz konkret wahr-genommen: ''In diesem Augenblick hörte ich ein eigenartiges Grollen. Es war wie das Geräusch eines entfernt fliegenden Düsenflugzeugs. Als ich aufmerksam lauschte, steigerte sich das Grollen zu einem anhaltenden, metallischen Pfeifen, dann wurde es leiser, bis es nur noch ein faszinierender melodiöser Klang war. Die Melodie war wie die Vibration in elektrischen Leitungen. Das Bild, das mir in den Kopf kam, war das zweier elektrischer, sich überlagernder Felder oder zweier quadratischer Blöcke magnetisierten Metalls, die gegeneinander gerieben wurden und dann mit einem dumpfen Schlag aneinanderstießen.''[216] ''Wir müssen lernen die Zeit zu verlangsamen, die fortwährende Leidenschaft der unmittelbaren Erfahrung zu erleben.''[217]
''langsamer es Lebe die Liebe.
langsames Leben ist lang.''[218]

Wer den inneren Dialog anhalten lernt, das Sichleermachen als klares Gefühl spürt, der ist anscheinend in der Lage, ''die Linien der Welt'' zu spüren[219], das persönliche Unbewußte ins kollektive überfließen zu lassen. Die Erfahrungen des Zen-Buddhisten, des Visionärs, Castanedas oder Maria Erlenbergers scheinen der gleichen Sphäre anzugehören. Der Anstaltsschizo erfährt plötzlich und unvorbereitet den ''Riß'', so daß das Rest-Ich eine ungeheure Angst freisetzen muß; Innen und Außen verwirren sich total; die Abwehr-Reaktionen der Paranoia, Hebephrenie und Katatonie werden durch die Angst vor dem Tod des Ego, das in das ihm ''Unbekannte'', den Bereich des ''Es'' geworfen wird, hervorgerufen. Fast völlige physische Blockade entspricht der höchsten inneren Erregung[220]; Schmerz und Lust können gleichzeitig empfunden werden (Schreber): auch hier wieder die *Polarität,* die aber, weil sie völlig überraschend eingesetzt (im ''psychotischen'' Anfall) als Existenzbedrohung empfunden wird. Hinzu kommt noch das ''Leiden durch die Gesellschaft'': die Isolation, die Betäubung und die daraus resultierende Kommunikationsunfähigkeit. Jedoch kann es selbst beim leidenden Schizo, der laufend die Kreise wechselt, bei dem Identifikationen und Identitäten sich verwirren, zur *Ekstase,* zum momentanen Überwechseln auf die ''andere Seite des Spiegels'' kommen. Nur werden in der Euphorie dic Gcfühlc nicht klar, bilderlos ''empfangen'' sondern oft mit christlicher Symbolik besetzt. Die Erfahrung wird dieselbe sein wie beim Mystiker, nur wird die Klarheit des Gefühls nicht erreicht. Diese ''klare'' angstfreie Empfindung der Auflösung setzt eine tiefgreifende, langwierige Klärung des persönlichen Unbewußten voraus; alle Projektionen des Spiegels, alle Masken des Ichs müssen als gleichwertige ''Bilder'' erfahrbar werden, bevor der Spiegel leer werden kann; die seit dem Zerfall der ''Werte'' fortschreitende Symbolverarmung begünstigt diesen Prozeß:

''Ich schaue in den Spiegel und sehe nichts
Das ist der Retoureflex deshalb muß
man sich ein bißl(er) *besser* ansehen
schärfer .-
sonstiges ist nicht ?----.-''[221]

Betrachten wir nun noch zwei Schilderungen, in denen das Gefühl der Auflösung bei klarem Bewußtsein erlebt wurde: Carlos Castaneda und Maria Erlenberger.

''Im Fallen spürte ich, daß meine Kleider heruntergerissen wurden, dann fiel mein Fleisch von mir, und schließlich blieb nur noch mein Kopf übrig. Ich hatte die ganz klare Empfindung, daß ich, als mein Körper sich in Stücke auflöste, überflüssiges Gewicht verlor, und daß daher der Schwung meines Sturzes nachließ und meine Geschwindigkeit abnahm. Es war nicht mehr ein Sturz ins Bodenlose. Ich begann hin- und herzuschaukeln wie ein fallendes Blatt. Dann verlor auch mein Kopf sein Gewicht, und alles, was von ''mir'' übrigblieb, war ein Kubikzentimeter, ein Klümpchen, ein winziger, körnchengroßer Rest. In ihm konzentrierte sich all mein Fühlen. Dann schien das Körnchen zu zerspringen und ich ging in tausend Stücke. *Ich wußte, oder irgendetwas irgendwo wußte, daß ich mir der tausend Stücke gleichzeitig bewußt war. Ich war dieses Bewußtsein selbst ...* und plötzlich ergoß sich das ''Ich'', das ich kannte und mit dem ich vertraut war, in den spektakulärsten Anblick aller vorstellbaren Kombinationen von ''schönen'' Szenen; es war, als ob ich Tausende von Bildern der Welt, von Menschen, von Dingen betrachtete... Schließlich war es, als ob ich den Aufbau der ganzen Welt in einer ununterbrochenen, endlosen Kette vor meinen Augen ablaufen sähe.''

Nach dieser ersten ''Schau'' des Naguals, des Unbekannten, breitet Castaneda nochmals die ''Flügel der Wahrnehmung aus — im endlosen Pendeln zwischen dem Tonal und dem Nagual: ''Dann explodierte ich. Ich löste mich auf. Irgend etwas in mir verteilte sich. Es setzte etwas frei, was ich mein ganzes Leben lang verschlossen gehalten hatte. Ich war mir deutlich bewußt, daß mein innerstes Reservoir angezapft war und daß es ungehemmt verströmte. Es gab nicht länger diese mir liebe Einheit, die ich ''Ich'' nannte. Da war nichts, und doch war dieses Nichts erfüllt. Es war weder licht noch dunkel, weder heiß noch kalt, weder angenehm noch unangenehm. Nicht daß ich mich bewegt oder still gestanden hätte oder geschwebt wäre, auch war ich keine vereinzelte Einheit, kein Selbst, wie ich mich zu erleben gewohnt bin. Ich war eine Myriade von Selbsten, die alle ''ich'' waren, eine Kolonie separater Einheiten, zwischen denen ein besonderer Zusammenhalt bestand und die unaufhaltsam zusammenstrebten, um ein einzelnes Bewußtsein, mein menschliches Bewußtsein zu bilden. Nicht, daß ich jenseits aller Zweifel ''gewußt'' hätte — denn es gab nichts, womit ich hätte ''wissen'' können, sondern alle meine einzelnen Bewußtseine ''wußten'' —, daß das ''Ich'', das ''Selbst'' meiner vertrauten Welt eine Kolonie, ein Konglomerat von isolierten, unabhängigen Gefühlen war, die einander in unauflösbarer Solidarität verbunden waren. Die unauflösbare Solidarität meiner zahllosen Bewußtseine, der Zusammenhalt dieser Teile untereinander, das war meine Lebenskraft.''

Bei Castaneda wird die Vorstellung des Rhizoms zur realen Erfahrung; in dem Moment, wo sich alles auflöst, wo der Körper — wie in der rituellen Zerstückelung des Schamanen oder Artauds — zum organlosen wird, der *zugleich* ganz weit''innen'' und ganz weit ''draußen'' existiert, kommt es zu einer neuen und gleichzeitig sehr alten Einheit: die Welt, die ein Gefühl ist, wird permanent aufgelöst und wieder neu geschaffen, stirbt ab und wird wiedergeboren. Die Phantasien, die Visionen, das ''Denken des Draußen'' sind kein abgetrennter Teil mehr im ganzheitlichen Erleben; die Innenwelt wird zur Außenwelt wird zur Innenwelt..... ein endloser Prozeß!

Castaneda spürt, ''daß diese Körnchen Bewußtsein verstreut waren; jedes war seiner selbst bewußt, und keines überwog vor den anderen. Dann rührte irgendetwas sie auf, und sie vereinigten sich und strömten in eine Region, wo sich alle auf einem Haufen versammeln mußten, dem ''Ich'', das ich kenne. Und als ''ich'', als ''ich selbst'' beobachtete ich dann eine zusammenhängende Szene irdischer Aktivität oder eine Szene, die anderen Welten angehörte und die ich für reine Imagination halten mußte, oder eine Szene, die dem ''reinen Denken'' zugehörte, das heißt, ich hatte Visionen von intellektuellen Systemen oder von Ideen, die zu Verbalisierungen gebündelt waren. In manchen Szenen sprach ich nach Herzenslust mit mir selbst. Nach jeder dieser zusammenhängenden Visionen löste das ''Ich'' sich auf und war wieder nichts.''[222]

In diesem Zustand des ''halluzinierten Schizos'', wie ihn Deleuze/Guattari in der konjunktiven Synthese erfassen, gibt es keine moralische Werte mehr wie ''gut'' oder ''schlecht''; das einzige, was wichtig ist, daß ''Es'' funktioniert: nämlich der energetische Austausch zwischen Innen und Außen, zwischen Residualsubjekt und Organlosem Körper. Ich meine, das Modell der konjunktiven Synthese läßt sich struktural direkt auf die Erfahrung Castanedas beziehen. Das kybernetische Modell ist nun mit den Erfahrungen des Schizos aufgefüllt; vielleicht verliert es damit auch etwas von seiner Abstraktheit: ''Der Gegensatz zwischen abstoßenden und anziehenden Kräften erzeugt eine offene Serie stets positiver, intensiver Elemente, die niemals das abschließende Gleichgewicht eines Systems, sondern die unbegrenzte Zahl stationärer, metastabiler Zustände ausdrücken.''[223] Das Residualsubjekt Castanedas oszilliert permanent zwischen dem Tonal (der Vernunft) und dem Nagual (dem Willen); man könnte *auch* sagen: das Residualsubjekt wird erzeugt durch Anziehung und Abstoßung zwischen Wunschmaschinen und Organlosem Körper. Nicht die Wörter interessieren mich hier, son-

dern der Prozeß als endloses Werden und Vergehen, als Austausch von reinen Intensitäten. Doch Castaneda hat wahrscheinlich ebenso wie der Zen-Buddhist recht, wenn er *nach* dieser Erfahrung zugibt: *"Das Unaussprechliche war wirklich unaussprechlich."*[224]
Da ich dieses Gefühl der Aufhebung der Gegensätze selbst nicht in dieser absoluten Form kenne, will ich mich bescheiden und einen neuen Zeugen auf den Plan rufen: Maria Erlenberger. Sie versucht am Schluß ihrer "Reise" durch den Wahnsinn eine ähnliche Erfahrung in das Bild eines Mythos zu kleiden. Als sie aus der Anstalt entlassen wird, macht der Weg, der vor ihren Augen liegt, eine Metamorphose durch: er wird zum mythischen Weg des Auf- und Abstiegs, wie ihn auch die Initiation des Schamanen oft begleitet[225]. Erlenbergers Weg wird immer glatter, schließlich zu einem *Spiegel.* " Unter mir scheint es wie ein Spiegel, und sehe ich die Straße entlang, so leuchtet es auf. Es blinkt, es fließt wie Wassergeäder, es flirrt gläsern über dem Boden... Ich sehe in die spiegelnde Straße unter mir, und die Gestalten werfen Schatten unter mich, und ich sehe sie aus dem Glas unter mir aufsteigen. Sie waren da und haben sich mit mir getroffen. *Sie sind in dem Spiegel durch mich gegangen."*[226] Die anderen, die auch diesen Weg einschlagen verwandeln sich in Schimären, Gestalten, Projektionen; denn in dem Moment, wo sich Maria Erlenberger für ihren "Weg", ihren "Rütmus" entscheidet, bricht sie auf zur Mitte des Spiegels, der das wahre Gesicht zeigt. (vgl. S. 49/50 dieser Arbeit) Sie wechselt über auf die "andere" Seite. Don Genaro hat den "Weg" in dem Mythos der "Reise nach Ixtlan" gefangen; auch dort werden die "anderen" zu "Phantom-Reisenden". "Jeder, den Genaro auf seinem Weg nach Ixtlan trifft, ist nur ein ephemeres Wesen", erklärt Don Juan. "Du zum Beispiel, du bist ein Phantom. Deine Gefühle und dein Eifer gleichen denen jener Leute. Das ist der Grund, warum er sagt, daß er auf seiner Reise nur Phantom-Reisenden begegnet."[227]
Erlenbergers "Weg" wird zu einer *Brücke.* "Er steigt an, der Spiegelbrückenweg erhebt sich in weitem Bogen über die Landschaft. Ich sehe meine Gestalt vor mir wie auf Eis." Die Spaltung setzt ein: "Der Weg steigt an, er beginnt sich zu teilen. Wie einige Schwebebalken, so teilt er sich. Zur Sicherheit gehe ich mit einem Fuß auf einem und mit dem anderen Fuß auf einen anderen Balken." Dies ist jedoch noch nicht die Spaltung, die in der Einheit mit dem Ganzen identisch wird, sondern nur der Versuch, etwas hinüberzuretten aus der "normalen" Welt in die Spiegelwelt. Doch dieser Versuch muß scheitern: solange die persönliche

Geschichte nicht ausgelöscht ist, wie Don Juan sagt, das persönliche Unbewußte noch nicht gereinigt ist, wie Jung sagen würde, produziert das ''Unbekannte'' nur Angst und Leiden. ''So kann es nicht gehen, ich hänge in der Mitte, ich spalte mich und könnte mich nie mehr treffen. Ich würde hinunterfallen. Ich muß beisammen bleiben mit den Beinen, ich werde die Arme ausbreiten und versuchen, auf einem Balken zu balancieren.'' Damit ist die Entscheidung gefallen; jede Sicherheit, jede Gewohnheit ist aufgegeben worden. *''Hier gibt es keine Antwort außer Weitergehen.''* Der Weg ist das Ziel, so würde der Taoist es ausdrücken. Sie sieht zwei Gestalten auf einem anderen Balken, die sich gegenseitig festhalten wollen, dabei jedoch fast abstürzen, denn der Weg ist zu schmal für zwei. ''Hier hat nur einer Platz, hier geht man allein, man muß ja hier nicht gehen. Niemand hat etwas davon, niemand ist gezwungen dazu.'' Sie sieht einen Steinhaufen vor sich liegen, der geheimnisvoll strahlt. ''Ich nehme einen Brocken in die Hand. Er ist schwer. Ich habe noch niemals rohes Gold in der Hand gehabt, aber ich weiß sicher, hier, dieser Brocken ist Gold. Reines Gold.'' Hat sie das Gold gefunden, daß der Alchimist mit seiner magischen Kraft herstellen wollte? Sie könnte jetzt umkehren, dann wäre sie ''reich in der Welt''. Doch der Weg vorwärts reizt sie mehr. ''Ich gehe auf Gold, ich sehe auf meine Füße und darunter, ja jetzt zeigt es sich mir, dehnt sich ein Meer in der Tiefe, ein weites Gewässer.'' Zum ersten Mal wirft sie einen Blick auf den tiefen Wahnsinnssee. Doch der Balken wird immer schmaler, ''er ist messerscharf geworden unter mir'', der Weg wird immer beschwerlicher. ''Von ferne höre ich den Aufschrei eines Wesens, das sein Gleichgewicht verloren hat und von seinem Balken ins Meer stürzt. Der Aufschrei klingt mir wie einer von vielen Schreien aus dem Irrenhaus.'' Das ist die Stelle, wo der Schizo taumelt, überwältigt wird, durch den Riß in der Blase der Wahrnehmungen fällt und im tiefen Wahnsinnsmeer untergeht: der *höchste* Punkt der Brücke, der den *tiefsten* Fall ins Meer auslöst. Denn nicht nur der Aufstieg, sondern auch der *Abstieg* muß als klares Gefühl bewältigt werden. ''Der Bogen geht jetzt bergab... Die Schuhsohle ist offen, eine scharfe Schnittfläche kommt durch, messerscharf, sie trifft meine Haut, das Messer schneidet in meine Füße.''
Hier sehe ich wieder eine direkte Parallele zur Initiation, zur *''Prüfung''* des Schamanen oder Mystikers; Erlenberger befindet sich jetzt im *''Teufelsbereich''*, der Hölle des Schizos. ,,Es gilt Dämonen und Untieren zu begegnen, die die Seele verschlingen möchten oder *die Brücke wird für die Gottlosen schmal wie die Schneide eines Rasiermessers.''*[228] Dieser

Teufelsbereich der bedrohenden Halluzinationen wird in gleicher Weise von den Zen-Buddhisten, vom Tibetanischen Totenbuch sowie von archaischen und mittelalterlichen Quellen als wichtige Stufe des mystischen ''Übergangs'' belegt. Einige Beispiele: ''Die Vision des heiligen Paulus zeigt eine Brücke, die 'so schmal ist wie ein Haar' und unsere Welt mit dem Paradies verbindet. Dasselbe Bild begegnet bei den arabischen Schriftstellern und Mystikern: Die Brücke ist 'schmaler als ein Haar' und verbindet die Erde mit den astralen Sphären und dem Paradies; die Sünder sind,... außerstande sie zu überschreiten und werden in die Unterwelt gestürzt.''[229] -(Die ''Sünder'' sind in unserer Gesellschaft die Schizos, die natürlich *nicht* Schuld oder Sühne auf sich geladen haben, aber eben gesellschaftlich nicht mehr ''funktionieren'', was objektiv oft auf dasselbe hinauslaufen kann: das gesellschaftliche Double Bind stempelt den Schizo zum ''Sünder''. Renée schreibt: ''Die Strafe war wirklich furchtbar, sadistisch: sie bestand eben darin, schuldig zu sein. Denn sich schuldig fühlen, ist das Schlimmste, was jemandem zustoßen kann, es ist die schlimmste aller Strafen.''[230]) ''Die mittelalterlichen Legenden sprechen von einer 'unter dem Wasser verborgenen Brücke' und von einer Sichelbrücke, welche der Held (Lanzelot) mit bloßen Füßen und Händen überschreiten muß. Diese Brücke 'schneidet schärfer als eine Sichel' und der Übergang geschieht 'mit Leiden und Todesqual'.''[229]

Das Leiden, die Ausweglosigkeit schlägt an seinem tiefsten Verzweiflungspunkt in die ''Seelenwollust'', das Gefühl der Unendlichkeit um. *Doch die Hölle, die die Schizos erleben, wird an Gefühlsintensität mit dem Himmel der euphorischen Ekstase identisch; nur das Vorzeichen ändert sich.* Der mystische Übergang versucht, gerade diese Polarität zwischen Himmel und Hölle durch den *paradoxen Weg,* aus dem es keinen Ausweg für die Ratio gibt, zu überwinden, um zum Übergegensätzlichen zu gelangen; die ''Wurzel des Nichts zu packen, wie der Zen-Buddhist es ausdrückt.

Ist jedoch die innere ,,Reinigung'' noch nicht weit genug fortgeschritten, besteht die Gefahr, in dem Teufelsbereich steckenzubleiben. Eine japanische Frau beschreibt ihre ''Prüfung'' in der Zen-Meditation: ''Eine nach der anderen... kamen die Erscheinungen aus dem Teufelsbereich und bedrängten meine Augen und Ohren. Ununterbrochenes Zittern befiel mir Hände, Füße und Gesicht, bald Teil für Teil, bald den ganzen Körper. In schlimmen Minuten war der glühende Schmerz so, wie wenn ich mit Nadeln gestochen oder an glühenden Metallspitzen

emporgezogen würde. So muß sich wohl ein zum Tode Verurteilter fühlen, der durch elektrische Hochspannung gequält wird.''[231]
Ich kann die Erscheinungen, die in diesem Bereich auftreten, nur ganz kurz andeuten; die Parallelen müßten gesondert untersucht werden. Hier geht es mir nur darum, grundsätzlich zu betonen, daß jeder mystische ''Übergang'' mit einer Phase der ''Prüfungen'', der Leiden, der Todesbedrohung einhergeht (es handelt sich ja um eine Erfahrung des Sterbens bei lebendigem Leib!); diese Etappe schlägt jedoch als Übergangsstadium, als letzte Hürde meist direkt in die Bewältigung dieser ''Gefahren'' um, wenn der ''Weg'' das Ziel wird. Denn dieser sogenannte Teufelsbereich scheint eine letzte Abwehr des Ego zu sein, das quälende Projektionen aus dem persönlichen Unbewußten ''halluziniert''. ''Die 'Gefahr' verschwindet schon damit, daß die Initiationsprobe bestanden ist.''[232]
Die Situation wird für Maria Erlenberger scheinbar ausweglos, paradox, aber es geht weiter, wenn sie sich auch ''blind'' an den Weg klammert. ''Da höre ich es zischen unter mir im Nebel. Es zischt aus den Fluten, es klingt nicht so fern, *es ist wie mein Lebenssaft, es nebelt mich jetzt gänzlich ein...* überall ist es gleich, ein Weg, ein Weg. Schritt für Schritt... Ich gehe, das Messer unter mir wird heiß, glühend! Es saugt sich schmorend in meine verwundeten offenen Füße. Am Körper zittere ich wie Eiseskälte, und ich steige ab, plötzlich spüre ich noch etwas zu meinen Füßen, heißes Wasser — es ist das Meer!... Ich höre lautes Gurgeln, mein Pfad führt direkt hinein ins Meer, in das ich nicht fallen wollte. Ich bin so müde und blind, aber doch bemerke ich, daß ich jetzt durch den Farbenbogen durchgehe. Durch ihn, und dabei werden alle Farben weiß, und dann sind sie vorbei. Wie seltsam — ich fühle auf einmal keine Schmerzen mehr, ich bin flüssig, ausgeflossen. Bis hierher — fernhierher — und ein letzter Gedanke ist es, als die kochenden Fluten dampfend über mir zusammenschlagen: ''Jetzt weiß ich, wie es angefangen hat.''[233]
Als sie in den Fluten des Wahnsinnsmeeres versinkt, schließt sich der Kreis von Geburt und Tod; nach der Initiation, der Prüfung von Auf- und Abstieg muß sie in ihrem Leben genau da weitermachen, wo sie vorher gestanden hat, denn sie ist noch nicht endgültig ''aufgestiegen'', Geist geworden. Der Unterschied zwischen ''vorher'' und ''nachher'' läßt sich als beginnende Selbsterkenntnis, als Abreißen der Persona und damit mögliche Selbstbestimmung interpretieren. Jedoch ist damit der ''Weg'' nicht beendet, er geht immer weiter; sie muß sich in jedem Mo-

ment neu schaffen: in jeder Bewegung, in jeder Beziehung, in ihrem Buch, indem sie *sich* schreibt, *sich* denkt. ''Ich denke mich mir aus... Ich habe viele Formen. Meine Gedanken haben viele Ebenen. Und immer wieder tauche ich aus dem ruhigen Meer meines Ursprungs. Zugleich — zugleich — jetzt — immer wieder — immer wieder neu. Und schon wieder vergessen...''[234] ....Ein endloser Prozeß des Sterben und Wiedergeborenwerden, des Werdens und Vergehens.

Jung hat das Wasser, wenn es in bestimmten Träumen und Visionen auftaucht, als Archetypus, als immer wiederkehrendes Symbol des kollektiven Unbewußten, des Kosmos gedeutet. ''Das Wasser ist der ''Talgeist'', der Wasserdrachen des Tao, dessen Natur dem Wasser gleicht, ein in Yin aufgenommenes Yang. *Wasser heißt darum psychologisch: Geist, der unbewußt geworden ist.''*[235] Das Wahnsinnsmeer von Maria Erlenberger scheint genau Jungs Vorstellung vom Archetypus zu erfüllen: der Zustand der Aufhebung der Gegensätze, der ''Mitte des Seins'', im Bild des ewigen Wassers gefaßt. ''Es ist die Welt des Wassers, in der alles Lebendige suspendiert schwebt, wo das Reich des ''Sympathicus'', der Seele alles Lebendigen, beginnt, wo ich untrennbar dieses und jenes bin, wo ich den anderen in mir erlebe, und der andere als Ich mich erlebt. Das kollektive Unbewußte ist alles weniger als ein abgekapseltes, persönliches System, es ist weltweite und weltoffene Objektivität. Ich bin das Objekt aller Subjekte in völligster Umkehrung meines gewöhnlichen Bewußtseins, wo ich stets Subjekt bin, welches Objekte *hat.''*[235a] Musil schreibt über den ''verrückten'' Moosbrugger: ''Einen Eindruck, wie ein großes spiegelndes Wasser ausgebreitet zu sein, das durch nichts zu stören ist, den hatte er jetzt fast immer.''[235b]

Im Augenblick reiner Gegenwärtigkeit, wenn das Subjekt eins mit dem ewigen Wasser wird, wird die Welt tatsächlich angehalten; das Nichts, das Schweigen enthüllt seinen Gegenpol: das Ganze, den Kosmos! Das Residualsubjekt *ist* in der Welt, es *besitzt* nichts, an dem es sich festklammern müßte. ''Sich des Unbewußten bewußt zu sein bedeutet, offen und aufnahmebereit zu sein und nicht zu *haben* sondern zu *sein.''*[236] Das Wahnsinnsmeer *ist* (existiert, pulsiert) nicht nur außen, sondern zugleich innen, es ist wie ''mein Lebenssaft'', wie das Blut: Teil von mir *und* Teil vom Ganzen. ''Bin ich bei Bewußtsein? Bin ich? Was soll sein? Was soll ich erkennen? Was soll ich unterscheiden? Ich bin in Bewegung. In mir bewegt es sich. Ich bewege mich. Außen bewegt es sich und innen. Wo sind Wände? Was erfüllt mich? Oder bin ich die Füllung? Oder gibt es keinen Raum, der leer ist? Die Leere ist selbst in Bewegung und sie erfüllt sich in kleinen Teilen, die durch ihre kleinsten Bestandteile bewegt werden. Energie — Bewegung — ich spüre sie — ich denke — ich bewege meinen Körper — er ist eins — es ist Bewußtsein — es ist Auflösung der Grenzen, die eins vom anderen unterscheiden lassen. Ich muß nicht trennen, ich kann mich ganz sein lassen. Ganz nichts, ganz im Nichts. Das bin ich — das ist eins, mein Körper, mein Geist.''[237]

Ich kann nichts daran ändern: *das Denken des Schizos ist paradox,* dies ist sein Wesensmerkmal; das ''Denken des Draußen'' ist nur möglich, wenn die Grenze zwischen Innen und Außen, zwischen Traum und Realität durchlässig geworden ist; die Übergänge werden fließend, die Polaritäten lösen sich auf in der ''Mitte des Seins'', dem Wahnsinnsmeer. ''Die Mitte des Seins steht insofern *jenseits* von Einheit und Vielheit, Identität und Verschiedenheit, als sie *nicht* jenseits davon steht... Die Mitte des Seins ist weder das Eine noch das Andere, weder beides noch nicht beides und kann durch Mittel des Denkens überhaupt nicht beschrieben werden.''[237a] Da die *Erfahrung,* das *Gefühl* der ''Mitte'' aber existiert, gibt es auch ein entsprechendes *Bild* dafür: das ewige Wasser, das das ''Kosmische'' nicht in einem ''absoluten Geist'', der *über* den Köpfen der Menschen schwebt, erfaßt, sondern gerade Geist ist, der ''unten'' — im Körper, in den Trieben, den Exzessen, den Wünschen — seinen Ursprung hat.

Maria Erlenberger nennt die Erfahrung des ''Draußen'', des kollektiven Unbewußten: *das ''Alldenken''. ''Wird gewöhnlich als reiner Wahnsinn oder Erleuchtung verstanden...* Da alle Denkketten ineinander geschlossen sind, findet kein Ablauf statt, obwohl jeder Lauf stattfindet. Schwer zu denken, aber leicht zu machen (?)''[238]

In unserer westlichen Kultur mit ihrem Monopolanspruch auf das rationale Denken scheint der Weg zur ''Erleuchtung'' nur über den schizophrenen Zusammenbruch der disjunktiven Synthese zu laufen, in dem die Verwirrung, die Angst und die Isolation, die zum großen Teil Schuld der gesellschaftlichen Vor-urteile sind, verhindern, daß ein funktionierendes Residualsubjekt überhaupt entstehen kann. Das Verrückte an dieser Situation ist, daß der Schizo oft genau trennen kann zwischen Erweiterung der Wahr-nehmung und der Angst, die diese Erfahrung zu einer tödlichen Bedrohung für das Ego umpolt. Renée schreibt: ''Für mich waren die Geisteskranken ''Erleuchtete'', und in eine psychiatrische Klinik zu kommen, heißt so viel wie ganz und gar erleuchtet zu sein. Oft sagte ich zu Mama (ihrer Therapeutin, d.V.): 'Ich habe Angst, man wird mich holen und mich zu den ''Erleuchteten'' bringen.''[239]

In anderen Kulturen, vor allen Dingen im Orient und in Mexico, hat sich das paradoxe Denken, die Irrationalität, die *nicht* irrational ist, nicht völlig verdrängen lassen. Dort wird gerade die ''Erleuchtung'', das Satori als höchster möglicher Bewußtseinsstand angestrebt; die Esoterik, die Geheimhaltung des ''Wegs'' zu diesem Wissen hat bestimmt *auch* den Sinn gehabt, unvorbereitete Brüche, wie sie beim Schizo auftreten, zu verhindern. Denn unser Bewußtsein ist durch die immer dichter gewordene Eisschicht der Abstraktionen hilflos dem ''Selbst'', den ''Bildern'', den ''Dingen'' ausgeliefert, wenn diese plötzlich hinter den Projektionen in ihrer nackten Unmittelbarkeit erscheinen.

Zwei scheinbar entgegengesetzte ''Wege'' der Selbstheilung — wie wir sie bei Maria Erlenberger und Artaud finden — müssen sich anscheinend im entfremdeten Subjekt unserer ''verzauberten'', fetischisierten Gesellschaft einander annähern, um sich in der Mitte zu treffen: *die ''innere'' Haltung des Nicht-tuns und die ''äußere'' Haltung der Selbstdarstellung,* des spontanen Selbstausdrucks. Nur beide zusammen scheinen eine dauerhafte ''Reinigung'' des persönlichen Unbewußten zu gewährleisten. Das Nicht-tun, die meditative Grundeinstellung ''hieße also ungefähr soviel wie schweigen, wo man nichts zu sagen hat; nur das Nötige tun, wo man nichts Besonderes zu bestellen hat; und was das Wichtigste ist, gefühllos bleiben, wo man nicht das unbeschreibliche Gefühl hat, die Arme auszubreiten und von einer Welle der Schöpfung gehoben zu werden.''[240] Wenn diese Grundhaltung jedoch im inneren Rückzug endet, bleibt die authentische Freiheit auf das ''reine'' Gefühl beschränkt, der Trip bleibt im Gehirn stecken, findet kein ''äußeres Objekt'' mehr; der Körper erstarrt. Bei Artaud, bei Castaneda ist der Weg der Selbstdarstellung im zweckfreien, spontanen Ausleben der Gefühle mit entscheidend für die Katharsis. Dieser Weg der *expressiven Meditation,* der Regreß auf die Körpersprache läßt das Rhizom des schizophrenen ''Kunst''stücks entstehen, das mit jedem Ding, jedem Wort, jeder Situation spielt, weil ''Es'' sich treiben läßt, ''Es'' alles aus sich heraus läßt. Das Schreiben, das Malen, das Tanzen, das Gestalten des Schizos wird identisch mit seinem Leben, seiner Art sich auszudrücken, wenn er es zuläßt, daß ''Es'' mit ihm gemacht wird. Unsere zwanghafte Beschäftigung mit den Dingen zerstört den endlosen Fluß der natürlichen Produktion. *"Ich muß mich nicht in Angst vor der Angst halten lassen* durch die Regeln des Zwangsdenkens, des Wirklichkeitsdenkens, wie man es auch nennt. Ich steige um ,dorthin wo ich mich schon befinde. Ich drehe um, ich treibe die Verästelungen nicht weiter, ich kehre um, zurück zum Stamm."[241] Der "Weg" ist sich selbst genug; wenn ich unterwegs auf etwas treffe, mit dem ich "Rhizom machen" kann, wo ich (mein Körper oder mein Geist) mich ankoppeln kann, entsteht wieder etwas neues wie in diesem Satz, den ich gerade — jetzt — im Augenblick niederschreibe. Doch schon ist er fixiert, fest geworden, erstarrt, um mit dem Maßstab der Logik, der festen Werte gemessen zu werden. Darin liegt das Dilemma von allem Geschriebenem begraben: daß es den Eindruck erweckt, es sei etwas endgültiges; selbst wenn es den Prozeß als endlosen Fluß einfangen will, wehrt sich unsere Logik gegen diesen Versuch, indem sie das Produkt (in diesem Fall meine Arbeit) nach dem Resultat, nach der Synthese taxieren will. Das "unendliche Schreiben" findet aber tatsächlich nicht hier — in diesen Zeilen—statt, sondern "draußen": in der Natur, in der Liebe, im Alltag.

Anmerkungen

1.) Erlenberger, M., Der Hunger nach Wahnsinn, S. 217
2.) Foucault, Wahnsinn und Gesellschaft, S. 8
3.) ders., aaO., S. 8
4.) Nitschke, B., Die Zerstörung der Sinnlichkeit, S. 23
5.) Dieser Begriff stammt aus dem gleichnamigen Buch, vgl. Kranich, Hrsg., Dialektische Meditation, S. 7—15
6.) Erlenberger, aaO., S. 7
7.) Groddeck, G., Das Buch vom Es, S. 18
8.) ders., aaO., S. 272/3, Hervorhebung vom Verf.
9.) Eliade, M., Schamanismus und archaische Ekstasetechnik, S. 37, Hervorhebung v. Verf.
10.) Laing, R.D., Phänomenologie der Erfahrung, S. 117
11.) vgl. Barnes, M., Meine Reise durch den Wahnsinn
12.) Deleuze/Guattari, Rhizom, S. 40
13.) dieselben, aaO, S. 7
14.) Zorn, F., Mars, S. 191
15.) Deleuze/Guattari, Anti — Ödipus, S. 11 u. 13
16.) dieselben, aaO., S. 19
17.) dieselben, aaO., S. 15
18.) dieselben, aaO., S. 20
19.) dieselben, aaO., S. 18
20.) dieselben, aaO., S. 22
21.) dieselben, aaO., S. 25
22.) ebenda
23.) vgl. dieselben, aaO., S. 26: „Man spricht oft von Halluzinationen, vom Delirium; aber das halluzinatorisch Gegebene (Ich sehe, ich höre) und das im Wahn Gegebene (Ich denke...) setzen ein sehr viel stärkeres *Ich fühle* voraus...".
24.) dieselben, aaO., S. 27
25.) dieselben, aaO., S. 28, Hervorhebung v. Verf.
26.) dieselben, aaO., S. 29 Hervorhebung v. Verf.
27.) vgl. dieselben, aaO., S. 425
28.) Der Schizophrene Arthur Säbelmann im Gespräch mit Anstaltspsychiater zitiert n. Navratil, L., a + b leuchten im Klee, S. 103
29.) Bateson, Jackson u. A., Auf dem Weg zu einer Schizophrenie — Theorie, in: Schizophrenie und Familie, S. 26
30.) Sechehaye, M., Tagebuch einer Schizophrenen, S. 50
30a.) vgl. Deleuze/Guattari, Anti-Ödipus, S. 332
31.) Vaneigem, R., Handbuch der Lebenskunst für die jungen Generationen, S. 23
32.) ders., aaO., S. 24
33.) Artaud, A., Van Gogh, der Selbstmörder durch die Gesellschaft, S. 30
34.) ders., aaO., S. 117
35.) ebenda

36.) vgl. Navratil, Alexanders poetische Texte, S. 180-183
37.) ders., aaO., S. 33
38.) ders., aaO., S. 133
39.) dieser Ausdruck stammt aus dem Jargon der Psychoanalyse; das ,,Primärprozeßhafte'' wird dort als archetypisches Restpotential des Unbewußten verstanden
40.) ders., aaO., S. 84, Hervorhebung v. Verf.
41.) ders., aaO., S, 75
42.) ders., aaO., S. 68
43.) ebenda
44.) ebenda, Hervorhebung d. Verf.
45.) ''Der Psychiater'', so heißt das nachfolgende Gedicht, vgl. ebenda
46.) Ich kann und will hier keine vollständige Interpretation der Gedichte liefern, die es gar nicht geben kann; ich gebe hier nur *meine* Leseart in Zusammenhang mit dem Verhältnis Patient-Psychiater wieder.
47.) Erlenberger, aaO., S. 8
48.) dieselbe, aaO., S. 38, Hervorhebung v. Verf.
49.) Ich werde auf diesen Punkt später zurückkommen.
50.) Erlenberger, aaO., S. 193
51.) dieselbe, aaO., S. 38/39
52.) Artaud, aaO., S. 28
53.) Erlenberger, aaO., S. 89
54.) Musil, Der Mann ohne Eigenschaften, S. 397
55.) Sechehaye, aaO., S. 41/42; Hervorhebung v. Verf.
56.) vgl. Castaneda, C., Die Lehren des Don Juan
57.) Huxley, A., Die Pforten der Wahrnehmung, S. 16/17
58.) Navratil, Alexanders poetische Texte, S. 54
59.) ders., a + b leuchten im Klee, S. 116
60.) ders., aaO., S. 76, Hervorhebung v. Verf.
61.) Fromm, E., Psychoanalyse und Zen-Buddhismus, in: Zen-Buddhismus und Psychoanalyse, S. 140
62.) vgl. Fromm, aaO., S. 134
63.) Navratil, Alexanders poetische Texte, S. 148
64.) Bataille, Der heilige Eros, S. 35, Hervorhebung v. Verf.
65.) Green, H., Ich habe dir nie einen Rosengarten versprochen, S. 82
66.) Ferid — ed — din — Attar, aus: Unterredungen der Vögel, zitiert n. Buber, M., Ekstatische Konfessionen, S. 44/45
67.) ebenda
68.) Ich werde auf diesen Reinigungsprozeß noch ausführlich eingehen. In diesem Zusammenhang kommt es darauf an, daß *überhaupt* eine Reinigung stattfindet.
69.) Green, aaO., S. 10
70.) Deleuze/Guattari, Anti-Ödipus, S. 425
71.) vgl. dieselben, aaO., S. 427/428
72.) Eliade, aaO., S. 65
73.) Artaud, zitiert n. Anti-Ödipus, S. 15

74.) Artaud, zitiert n. Mattheus, B., Jede wahre Sprache ist unverständlich, S. 78
75.) vgl. die Texte in: Artaud, Van Gogh....
76.) vgl. Nietzsche, Also sprach Zarathustra, S. 20/21
77.) vgl. Bataille, aaO., S. 74
78.) Schreber, D.P., Denkwürdigkeiten eines Nervenkranken, S. 188/189
79.) ders., aaO., S. 283
80.) ders., aaO., S. 293
81.) ders., aaO., S. 293
82.) ders., aaO., S. 338
83.) vgl. Freuds Aufsatz über Schreber: Psychoanalytische Bemerkungen über einen autobiographisch beschriebenen Fall von Paranoia, 1911, in: Freud, Studienausgabe, Bd. VII, S. 133ff.
84.) Deleuze/Guattari, Anti-Ödipus, S. 429
84a.) Ganz stimmt das auch nicht: Bei der ,,transzendentalen Meditation'' wird eine Zunahme der sog. Alpha-Wellen registriert, die einen anderen Schwingungsgrad als die Wellen im Zustand des Wachseins oder des Traumes besitzen.
84b.) Castaneda, Der Ring der Kraft, S. 266
85.) vgl. Baudelaire, Die künstlichen Paradiese, S. 41/42. Zum Thema ''Bewußtseinserweiterung durch Drogen'', das in diesem Zusammenhang zu kurz kommt, empfehle ich: deQuincey, Thomas, Bekenntnisse eines englischen Opiumessers, sowie Gelbke, R., Drogen und Seelenerweiterung.
86.) Jung, C.G., Über die Archetypen des kollektiven Unbewußten, in: Jung, Bewußtes und Unbewußtes, S. 11/12
87.) ders., aaO., S. 44
87a.) ders., aaO., S. 31, Hervorhebung v. Verf.
88.) ders., aaO., S. 20/21
89.) Weitbrecht, H.J., Ekstatische Zustände bei Schizophrenen, in: Beiträge zur Ekstase, S. 119/120
90.) ders., aaO., S. 116
91.) Jung, aaO., S. 33
92.) Jünger, E., Annäherungen, Drogen und Rausch, S. 496
93.) Schreber, aaO., S. 72
93a.) ders., aaO., S. 75
94.) ders., aaO., S. 89. Schrebers Wahnsystem ist zu kompliziert, um es in diesem Rahmen ausführlich erklären zu können.
95.) Erlenberger, aaO., S. 24
96.) Barnes, aaO., S. 188
97.) Duerr, H.P., Können Hexen fliegen, in: Unter dem Pflaster liegt der Strand, S. 65
98.) Blake, W., Die Ethik der Fruchtbarkeit, S. 126
99.) Lilly, J.C., Das Zentrum des Zyklons, S. 23
100.) Taube, Frhr. v., Vorwort, in: Blake, aaO., S. VI
101.) zitiert n. Laing, Das geteilte Selbst, S. 95

102.) vgl. meine Ausführungen zur Wahrnehmung unter dem Aspekt der Angst.
103.) Baudelaire, aaO., S. 28/29, Hervorhebung v. Verf.
104.) Erlenberger, aaO., S. 36
105.) Lilly, aaO., S. 60
106.) Zen, Aussprüche und Verse der Zen-Meister, gesammelt v. P. Weber-Schäfer, S. 43
107.) vgl. Herrigel, Der Zen-Weg, S. 117
108.) Suzuki zitiert n. Naranjo, Ornstein, Psychologie der Meditation, S. 46
108a.) zitiert n. Dumoulin, Der Erleuchtungsweg des Zen im Buddhismus, S. 83, vgl. Suzuki, Über Zen-Buddhismus, in: Fromm, aaO., S. 62-65
108b.) Suzuki, zitiert n. Naranjo, Ornstein, S. 46/47
109.) Castaneda, Der Ring der Kraft, S. 258
110.) vgl. Foucault, Von der Subversion des Wissens, S. 54 ff
111.) Artaud, Die Nervenwaage, S. 30/31, 35, 56
112.) Castaneda, Reise nach Ixtlan, S. 215
113.) ders., aaO., S. 51
114.) Erlenberger, aaO., S. 91
115.) dieselbe, aaO., S. 80
116.) dieselbe, aaO., S. 31
117.) dieselbe, aaO., S. 49
118.) Musil, aaO., S. 394/395
119.) ders., aaO., S. 239
120.) Castaneda, Reise nach Ixtlan, S. 222
121.) Laing, Knoten, S. 90
122.) Sechehaye, aaO., S. 19
123.) Navratil, Alexanders poetische Texte, S. 156
124.) Lilly, aaO., S. 21; vgl.: Harrys Blick in den Spiegel, in: Hesse, Steppenwolf, S. 194/195
125.) Schreber, aaO., S. 253
126.) ders., aaO., S. 253/254
127.) ebenda. Zur Erläuterung: "Strahlen" sind bei Schreber die Manifestationen der "Göttlichen Nerven" auf der Erde. Diese "haben namentlich die Fähigkeit, sich umzusetzen in alle möglichen Dinge der erschaffenen Welt, in dieser Funktion heißen sie Strahlen; hierin liegt das Wesen des göttlichen Schaffens." Schreber, aaO., S. 72
128.) Jung, aaO., S. 29
129.) Rilke, R.M., Die Aufzeichnungen des Malte Laurids Brigge, S. 101/102, Hervorhebung v. Verf.
130.) Dostojewskij, Der Doppelgänger, zit. n. Benedetti, Psychiatrische Aspekte des Schöpferischen, S. 122, 124. Dort finden sich auch weitere Beispiele aus der Literatur zum Doppelgängermotiv. Zum psychologischen Aspekt vgl: Rank, Otto, Der Doppelgänger, in: Imago, 1914, S. 106 ff
131.) vgl. Jaspers, K., Strindberg und Van Gogh, S. 11, 109
131a.) Strindberg, Inferno, S. 76

132.) Castaneda, Der Ring der Kraft, S. 73
133.) ders., aaO., S. 76
134.) ders., aaO., S. 83
135.) ders., aaO., S. 84
136.) ders., aaO., S. 89/90
137.) Navratil, Alexanders poetische Texte, S. 147
138.) Castaneda, aaO., S. 275/276
139.) ders., aaO., S. 278
140.) ders., aaO., S. 259
141.) Castaneda, aaO., S. 301
142.) Böhme, J., De signatura rerum, S. 247
143.) Castaneda, aaO., S. 297
144.) vgl. Deleuze/Guattari, Anti-Ödipus, S. 20
145.) Erlenberger, aaO., S. 111
146.) Erlenberger, aaO., S. 171
147.) Benjamin, W., Über Haschisch, S. 51
148.) Erlenberger, aaO., S. 171
149.) Deleuze/Guattari, Rhizom, S. 34
149a.) vgl. Musil, aaO., S. 650
150.) Erlenberger, aaO., S. 170
151.) dieselbe, aaO., S. 51/52, Hervorhebung v. Verf.
152.) Artaud, Van Gogh, S. 31
153.) ders., aaO., S. 117
154.) Green, aaO., S. 48
155.) Benjamin, Charles Baudelaire, S. 126
156.) frei nach Bergmanns Film ''Das Schlangenei''.
157.) Nietzsche, Götzen-Dämmerung, S. 1032
158.) vgl. Artaud, Das Theater und sein Double; und Derrida, Das Theater der Grausamkeit und die Geschlossenheit der Repräsentation, in: ders., Die Schrift und die Differenz, S. 351
159.) Erlenberger, aaO., S. 66
160.) entfällt
161.) entfällt
162.) Barnes, aaO., S. 131
163.) dieselbe, aaO., S. 136
164.) Kant, Kritik der Urteilskraft, S. 414, zit. n. Derrida, S. 16
165.) Blake, aaO., S. 133
166.) Psychiater Berke über Mary, in: Barnes, aaO., S. 231, Hervorhebung v. Verf.
167.) Barnes, aaO., S. 136, Hervorhebung v. Verf.
168.) Barnes, aaO., S. 134
169.) Auf die Art der Bilder von Schizophrenen einzugehen, würde den Rahmen dieser Arbeit sprengen. Vgl. hierzu: Benedetti, aaO., S. 239-277. Dort wird auch gezeigt, daß Schizos Figuren in Formen des Mandala, den Jung als Archetypus bezeichnet, sowohl im Mittelalter als auch in den heutigen Anstalten gemalt haben (Siehe dazu die beiden Abbildun-

gen.) Das Mandala, das den Kosmos in symbolischer Form ausdrückt, wird ebenso in der tibetanischen Mystik wie in einer Vision des Niklaus von der Flüe "gesehen". "Die Erfahrung lehrt, daß der'hegende Kreis', das Mandala, das althergebrachte Antidot für chaotische Geisteszustände ist." Jung, aaO., S. 19. Hier scheint auch der Inhalt der Bilder etwas Überhistorisches auszudrücken.

Zur Illustration zwei der erwähnten Mandalas, von Schizophrenen gezeichnet:

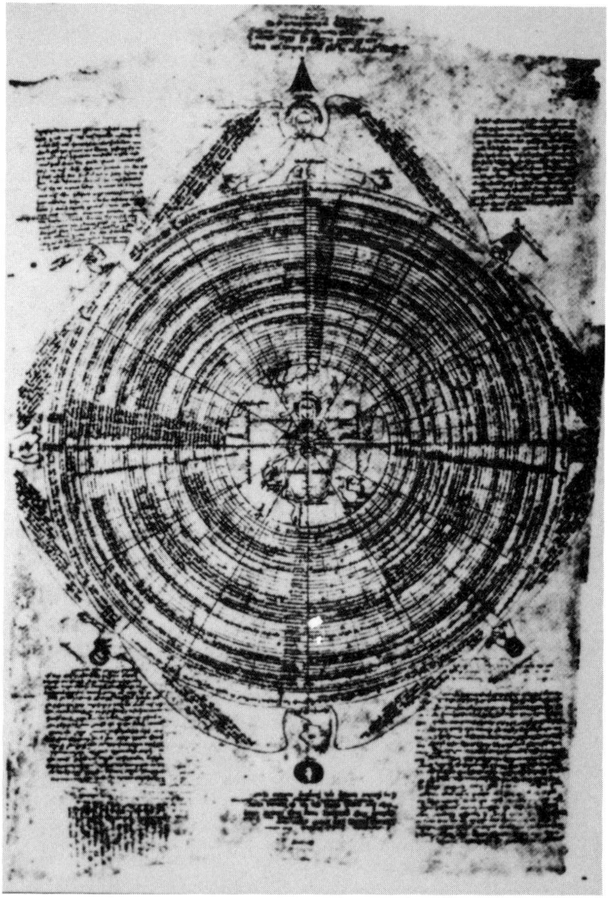

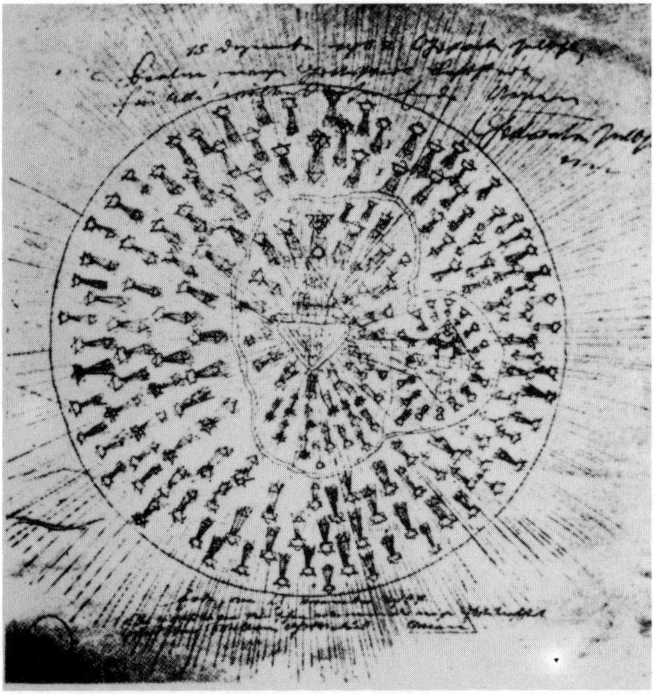

170.) Rumler, F., ''Ich kann mich nicht einordnen'', in: Der Spiegel 49, 1977, S. 237
171.) vgl. Navratil, Schizophrenie und Sprache, S. 51/52; vgl. Kipphardt, März; Kipphardt übernahm diesen Ausdruck.
172.) auf Aufforderung geschrieben von Karl Z., in: Navratil, a + b leuchten im Klee, S. 75
173.) Schizo A. Säbelmann im Gespräch mit Navratil, in: aaO., S. 97
174.) Alois Schnedel, in: aaO., S. 113
175.) Alexander, in: Navratil, Alexanders poetische Texte, S. 101
176.) Deleuze/Guattari, Rhizom, S. 40
177.) vgl. Jaspers, aaO., S. 109-118
178.) beide Zitate aus: Naranjo, Ornstein, aaO., S. 117/118

179.) vgl. hierzu die Ausführungen von Naranjo, aaO., S. 115-121
180.) Navratil, Alexanders poetische Texte, S. 108
181.) vgl. Foucault, Das unendliche Sprechen, in: ders., Schriften zur Literatur, S. 90
182.) ders., Der Wahnsinn, das abwesende Werk, in: ders., aaO., S. 126
183.) ders., Das Denken des Draußen, in: aaO., S. 153
184.) Schreber, aaO., S. 177, Anm. 64, sowie S. 237
185.) ders., aaO., S. 176
186.) Sechehaye, aaO., S. 588
187.) dieselbe, aaO., S. 94, Hervorhebung v. Verf.
187a.) vgl. zur ekstatischen Zungenrede der ''Pfingstgemeinde'' Navratil, Schizophrenie und Sprache, S. 58-61
188.) vgl. hierzu Laplanche, Pontalis, Das Vokabular der Psychoanalyse, unter den entsprechenden Stichwörtern
189.) Musil, aaO., S. 240/241, Hervorhebung v. Verf.
190.) Navratil, Alexanders poetische Texte, S. 92
191.) ders., aaO., S. 111
192.) vgl. meine Ausführungen zur Gestik, S. 18 dieser Arbeit
193.) Navratil, aaO., S. 126
194.) ders., aaO., S. 98
195.) Vaneigem, aaO., S. 346
196.) Foucault, Der Wahnsinn, das abwesende Werk, in: ders., aaO., S. 124
197.) Navratil, a + b leuchten im Klee, S. 117
198.) ders., aaO., S. 111
199.) Artaud, Eine Bemerkung über den Peyotl, in: ders., Die Tarahumaras, S. 96
200.) ders., Van Gogh, S. 22
201.) ders., aaO., S. 41
202.) ders., Die Tarahumaras, S. 25; Hervorhebung v. Verf.
203.) Herrigel, aaO., S. 48, S. 47
204.) ders., aaO., S. 50/51. Herrigel hat selbst lange in Japan Zen-Meditation betrieben und wohl auch Satori erlebt. Deshalb nehme ich seine Interpretation als Wort eines authentischen Zeugen.
205.) Huxley, aaO., S. 42. Castaneda muß übrigens auch lernen, sich auf die Schatten, die Zwischenräume der Dinge zu konzentrieren, um seine Wahrnehmung umzupolen.
206.) Navratil, Alexanders poetische Texte, S. 61
207.) ebenda. Die beiden Gedichte aufeinander zu beziehen, ist hier zulässig, da die Sammlung chronologisch erfolgt ist.
208.) vgl. die oben zitierten Ausführungen Jungs über das Dogma als Filter des Unbewußten, sowie über die Symbolverarmung (S. 36/37 dieser Arbeit).
209.) Navratil, aaO., S. 90
210.) Bataille, aaO., S. 24
211.) Navratil, aaO., S. 129, Hervorhebung v. Verf.
212.) ebenda

213.) Zen — Sprüche, aaO., S. 16
214.) Suzuki, Über den Zen — Buddhismus, in: Fromm,... aaO., S. 39, Hervorhebung v. Verf.
215.) ders., aaO., S. 87
216.) Castaneda, Reise nach Ixtlan, S. 274
217.) Vaneigem, aaO., S. 360
218.) Navratil, Alexanders poetische Texte, S. 43
219.) vgl. Castaneda, aaO., S. 276
220.) Der katatone Zustand wird von Fischer als Zustand ''höchster ergotroper Erregung'' verstanden, energetisch vergleichbar mit dem Samadhi, der Versenkung des Meditierenden; vgl. Navratil, Über Schizophrenie, S. 23 — 33.
221.) Navratil, Alexanders poetische Texte, S. 153. Der Alexander vorgegebene Titel lautete übrigens: ,,Ich schaue in den Spiegel und sehe *mich*''! (vgl. Anm. Navratil, aaO., S. 153).
222.) sämtliche Zitate aus: Castaneda, Ring der Kraft, S. 292-294
223.) Deleuze/Guattari, Anti-Ödipus, S. 27. Ich habe dieses Zitat im Kapitel über den Anti-Ödipus schon gebracht; ich bin gespannt, ob damit jetzt — am Ende der Arbeit — eine konkretere Vorstellung verbunden werden kann!
224.) Castaneda, Der Ring der Kraft, S. 294
225.) vgl. Eliade, aaO., S. 445-456
226.) sämtliche folgenden Zitate, falls nicht anders gekennzeichnet, aus: Erlenberger, aaO., S. 237-240
227.) Castaneda, Reise nach Ixtlan, S. 289
228.) Eliade, aaO., S. 446, Hervorhebung v. Verf.
229.) Eliade, aaO., S. 447
230.) Sechehaye, aaO., S. 34
231.) zitiert n. Dumoulin, aaO., S. 161
232.) Eliade, aaO., S. 447
233.) Erlenberger, aaO., S. 240; vgl. die mystische Ich — Auflösung des Persers, S. 30 dieser Arbeit. Die ''sieben Ozeane der Auflösung'' entsprechen wohl dem ''Wahnsinnsmeer'' von Erlenberger.
234.) Erlenberger, aaO., S. 219
235.) Jung, aaO., S. 27/28
235a.) ders. aaO., S. 31
235b.) Musil, aaO., S. 395
236.) Fromm, aaO., in Zen-Buddhismus und Psychoanalyse. S. 173
237.) Erlenberger, aaO., S. 231
237a.) Herrigel, aaO., S. 117
238.) Erlenberger, aaO., S. 235
239.) Sechehaye, aaO., S. 47
240.) Musil, aaO., S. 246
241.) Erlenberger, aaO., S. 234, Hervorhebung v. Verf.

Verwendete Literatur

Artaud, Antonin: Die Nervenwaage, Berlin 1961
Artaud, Antonin: Das Theater und sein Double, Ffm., 1969
Artaud, Antonin: Die Tarahumaras; Revolutionäre Botschaften, München, 1975
Artaud, Antonin: Van Gogh, der Selbstmörder durch die Gesellschaft, München, 1977
Barnes, Mary: Meine Reise durch den Wahnsinn, München, 1973
Bataille, Georges: Der heilige Eros, Ffm., Berlin, Wien 1974
Bateson, Jackson, Laing u.a.: Schizophrenie und Familie, Ffm., 1974
Baudelaire, Charles: Die künstlichen Paradiese, München, o.J.
Benedetti, Gaetano: Psychiatrische Aspekte des Schöpferischen, Göttingen, 1975
Benjamin, Walter: Charles Baudelaire, Ffm., 1974
Benjamin, Walter: Über Haschisch, Ffm., 1972
Blake, William: Die Ethik der Fruchtbarkeit, Jena, 1907
Böhme, Jakob: De signatura rerum, in ders.: Aurora oder Morgenröte im Aufgang, Ausgewählte Texte, Leipzig, 1974
Buber, Martin (Hrsg.): Ekstatische Konfessionen, Leipzig, 1923
Castaneda, Carlos: Die Lehren des Don Juan; ein Yaqui-Weg des Wissens, Ffm., 1976
Castaneda, Carlos: Eine andere Wirklichkeit; Neue Gespräche mit Don Juan, Ffm., 1975
Castaneda, Carlos: Reise nach Ixtlan, Ffm., 1975
Castaneda, Carlos: Der Ring der Kraft; Don Juan in den Städten, Ffm., 1976
Deleuze, Gilles/Guattari, Félix: Anti-Ödipus, Kapitalismus und Schizophrenie I, Winterthur, 1974
Deleuze, Gilles/Guattari, Félix: Rhizom, Berlin 1977
De Quincey, Thomas: Bekenntnisse eines englischen Opiumessers, Fulda, 1947
Derrida, Jaques: Die Schrift und die Differenz, Ffm., 1976
Dostojewskij, F.M.: Der Doppelgänger, Hamburg, 1970
Duerr, Hans Peter: Können Hexen fliegen?, in: Unter dem Pflaster liegt der Strand, Bd. 3, Berlin, 1976
Dumoulin, Heinrich: Der Erleuchtungsweg des Zen im Buddhismus, Ffm., 1976
Eliade, Mircea: Schamanismus und archaische Ekstasetechnik, Ffm., 1975
Erlenberger, Maria: Der Hunger nach Wahnsinn, Reinbek bei Hamburg, 1977
Foucault, Michel: Von der Subversion des Wissens, München, 1974
Foucault, Michel: Schriften zur Literatur, München, 1974
Foucault, Michel: Wahnsinn und Gesellschaft, Ffm., 1973
Freud, Sigmund: Psychoanalytische Bemerkungen über einen autobiographisch beschriebenen Fall von Paranoia, in: ders., Sudienausgabe, Bd. VII, Ffm., 1973
Fromm, Erich; Suzuki, D.T.; Martino, R.d.: Zen-Buddhismus und Psychoanalyse, Ffm., 1976
Gelbke, Rudolf: Drogen und Seelenerweiterung, München, 1975

Green, Hannah: Ich hab dir nie einen Rosengarten versprochen, Bericht einer Heilung, Stuttgart, 1976
Groddeck, Georg: Das Buch vom Es, München, 1975
Herrigel, Eugen: Der Zen-Weg, München, 1958
Hesse, Herrmann: Der Steppenwolf, Ffm., 1974
Huxley, Aldous: Die Pforten der Wahrnehmung; Himmel und Hölle, München, 1975
Jaspers, Karl: Strindberg und Van Gogh, München, 1949
Jung, C.G.: Bewußtes und Unbewußtes, Beiträge zur Psychologie,Ffm., 1977
Jünger, Ernst: Annäherungen, Drogen und Rausch, Stuttgart, 1970
Kant, Immanuel: Kritik der Urteilskraft, Werke Bd. V, Darmstadt, 1966
Kipphardt, Heinar: März, München, Gütersloh, Wien, 1976
Kranich, Rainer (Hrsg.): Dialektische Meditation, Materialien zum Bewußtseinswandel, Wuppertal, 1973
Laing, Ronald D.: Das geteilte Selbst, Reinbek bei Hamburg, 1976
Laing, Ronald D.: Knoten, Reinbek bei Hamburg, 1973
Laing, Ronald D.: Phänomenologie der Erfahrung, Ffm., 1976
Laplanche J./Pontalis, J.-B.: Das Vokabular der Psychoanalyse, Bd. 2, Ffm., 1973
Leary, Timothy: Neurologik, Linden, 1977
Lilly, John C.: Das Zentrum des Zyklons; eine Reise in die inneren Räume, Ffm., 1976
Mattheus, Bernd: Jede wahre Sprache ist unverständlich; über Antonin Artaud u.a., München, 1977
Musil, Robert: Der Mann ohne Eigenschaften, Hamburg, 1974
Naranjo, Claudio/Ornstein, Robert E.: Psychologie der Meditation, Ffm., 1976
Navratil, Leo: Über Schizophrenie und: Die Federzeichnungen des Patienten O.T., München, 1974
Navratil, Leo: Schizophrenie und Sprache, Schizophrenie und Kunst, München, 1976
Navratil, Leo: a + b leuchten im Klee, Psychopathologische Texte, München, 1971
Navratil, Leo (Hrsg.): Alexanders poetische Texte, München, 1977
Nietzsche, Friedrich: Also sprach Zarathustra, Leipzig, 1930
Nietzsche, Friedrich: Götzen-Dämmerung, in: Werke II, München, 1955
Rank, Otto: Der Doppelgänger, in: Imago 1914
Reich, Wilhelm: Die schizophrene Spaltung in: Charakteranalyse, Ffm., 1973, S. 399 ff.
Reps, Paul (Hrsg): Ohne Worte — ohne Schweigen, 101 Zen-Geschichten, Bern, München, Wien, 1976
Rilke, Rainer Maria: Die Aufzeichnungen des Malte Laurids Brigge, Ffm., 1976
Rumler, Fritz: ,,Ich kann mich nicht einordnen'' (Bericht über Alexander) in: Der Spiegel, Nr. 49, Hamburg, 1977, S. 236 ff.
Schreber, Daniel Paul: Denkwürdigkeiten eines Nervenkranken, Ffm., Berlin, Wien, 1973
Sechehaye, Marguerite: Tagebuch einer Schizophrenen, Ffm., 1973

Strindberg, August: Inferno, in ders.: Aus meinem Leben, Werke IX, München, 1959, S. 7 ff.
Suzuki, Daisetz T.: Die große Befreiung; Einführung in den Zen-Buddhismus, Ffm., 1975
Vaneigem, Raoul: Handbuch der Lebenskunst für die jungen Generationen, Düsseldorf, 1974
Weber-Schäfer, Peter (Hrsg.): Zen, Aussprüche und Verse der Zen-Meister, Ffm., 1964
Weitbrecht, H.J.: Ekstatische Zustände bei Schizophrenen, in: Spoerri (Hrsg.): Beiträge zur Ekstase, Basel, New York, 1968, S. 115 ff.
Zorn, Fritz: Mars, München, 1977

Bildnachweis

Seite 16	Joseph Sell, ''Zuchthaus-Chikane'', in: Hans Prinzhorn, Die Bildnerei der Geisteskranken, Jena 1923, S. 262
Seite 25	in: Hanscarl Leuner, Die experimentelle Psychose, Berlin, Göttingen, Heidelberg 1962, S. 87
Seite 27	''Mensch der Zukunft. Das dritte Auge dient dem Gedankenhören durch Telepathie''. in: R.A. Pfeifer, Der Geisteskranke und sein Werk, Leipzig 1923, S. 50 Abb. 18
Seite 37	August Neter, ''Antichrist'', in: Hans Prinzhorn, Die Bildnerei der Geisteskranken, Jena 1923, S. 212
Seite 39	''Lufterscheinung''. Halluzination, in: Hans Prinzhorn, Die Bildnerei der Geisteskranken, Jena 1923, Tafel II nach S. 102
Seite 48	''Kinderkopf'', in: Hans Prinzhorn, Die Bildnerei der Geisteskranken, Jena 1923, S. 102
Seite 56	in: Alfred Bader, Wunderwelt des Wahns, Köln 1961. S. 77
Seite 71	in: Alfred Bader, Wunderwelt des Wahns, Köln 1961, S. 83
Seite 74	Karl Brendel, Kopf (Brot geknetet), in: Hans Prinzhorn, Die Bildnerei der Geisteskranken, Jena 1923, S. 133
Seite 80	August Klotz, ''Germania'', in: Hans Prinzhorn, Die Bildnerei der Geisteskranken, Jena 1923, S. 182
Seite 92	Friedrich Schröder-Sonnenstern: ''Heromos: Der Stern der vollendeten Pädagogig. Wer lacht da?'' in: Alfred Bader: Geisteskranker oder Künstler, Bern 1972, S. 43, Abb. 15
Seite 98/99	Zeichnung eines psychotischen Priesters (14. Jahrhundert) und Zeichnung eines psychotischen Architekten (20. Jahrhundert), in: Gaetano Benedetti, Psychatrische Aspekte des Schöpferischen, Göttingen 1975, zwischen S. 256 und S. 257

Wir danken Alfred Bader und dem Julius Springer Verlag für Ihre freundliche Nachdruckgenehmigung.